Diethelm und Gerti Strauch (Hrsg.)
Warum wir noch zusammen sind

D1722027

Diethelm und Gerti Strauch (Hrsg.)

Warum wir noch zusammen sind

Krisen gemeinsam überwinden – Paare erzählen

R. BROCKHAUS VERLAG WUPPERTAL

ABCteam-Bücher erscheinen in folgenden Verlagen:

Aussaat Verlag Neukirchen-Vluyn
R. Brockhaus Verlag Wuppertal
Brunnen Verlag Gießen und Basel
Christliches Verlagshaus Stuttgart
Oncken Verlag Wuppertal und Kassel

© 1996 R. Brockhaus Verlag Wuppertal
Umschlag: Dietmar Reichert, Dormagen
Gesamtherstellung: Breklumer Druckerei Manfred Siegel KG
ISBN 3-417-11100-5
Bestell-Nr. 111 100

INHALT

VORWORT

Schon wieder ein Ehebuch! Als ob es in den vergangenen Jahren nicht schon genug Literatur dieser Sorte gegeben hätte – sowohl in säkularen Buchläden als auch auf christlichen Büchertischen.

Hat nicht bereits so manche Frau den einen oder anderen Bestseller auf dem Ehebuch-Markt ihrem Mann auf den Schreibtisch gelegt oder ihm zum Geburtstag geschenkt, nur um festzustellen, daß ihn dieses Buch gar nicht interessierte? Eben gerade deswegen geben wir dieses Buch heraus. Wir sagen deutlich: uns ging es ebenso.

Wir – das sind neun Ehepaare, die als Christen leben – erzählen, wie wir an unsere Grenzen kamen und was uns geholfen hat, aus unserer speziellen Sackgasse wieder herauszukommen. Nein, es wurde nicht »alles wieder gut«, sondern anders! Unser Leben wurde anders, unsere Ehen wurden erneuert. Dies Buch soll durch die authentischen Erfahrungsberichte in all den Herzen Hoffnung wecken, die nach einer Lösung für oft verborgene Nöte in der Partnerschaft suchen.

Dabei wird in den meisten Berichten auffallen, daß vier Elemente eine entscheidende Rolle in der Heilung von Beziehungen spielten:
1. die Konfrontation mit irgendeiner Schwierigkeit,
2. das Wahrwerden vor sich selbst und im Gespräch mit anderen,
3. die Erkenntnis von Zusammenhängen zwischen den gegenwärtigen Nöten und eingeübten Verhaltensmustern, unbewußten Lebenseinstellungen und Defiziten in unserem Leben und

4. der Prozeß einer Erneuerung aus dem Gebet heraus, manchmal unterstützt durch eine Therapie.

So ist uns nicht allein die persönliche Ermutigung einzelner Eheleute ein Anliegen, sondern ebenso der Hinweis auf die Barmherzigkeit Gottes und seine Macht, mit der er einzugreifen und zu erneuern vermag. Jedes der Ehepaare hat eine Art »Christotherapie«, manche sogar ein plötzliches, machtvolles Eingreifen Jesu erlebt. Wir erbitten von Gott, daß er verschiedene seelsorgerliche Ansätze in seiner Gemeinde unter Christus zusammenbringt (Epheser 1,20) und seine Leute mehr als bisher befähigt, in seiner Vollmacht und in seiner Art zu helfen.

Die Beiträge sind anonym gehalten, in Namen und äußeren Gegebenheiten zum Teil verfremdet, damit Menschen, die mit der jeweiligen Ehegeschichte in Zusammenhang stehen, in ihrer Privatsphäre geschützt sind.

Wir danken besonders Hanna Schott für ihre sorgfältige und fleißige Arbeit an diesem Buch. Mit großem persönlichen Einsatz führte sie die Interviews, sichtete und ordnete das Material und feilte an allen schwer verständlichen Formulierungen und Passagen. Sie hat wesentlich dazu beigetragen, daß das Buch erscheinen konnte.

Solingen, im Sommer 1996

Gerti und Diethelm Strauch

Der Funke Liebe

»Warum tun wir uns gegenseitig so weh?«

Wir waren fast zehn Jahre verheiratet, als uns unsere Gedanken und Gespräche immer wieder zu dieser einen Frage führten. Beide waren wir wie verwundete Kämpfer, die sich erschöpft und am Ende ihrer Kräfte vor eine traurige Alternative gestellt sehen: Entweder wir geben unsere positiven Erwartungen an unsere Ehe auf und arrangieren uns, laufen nur noch nebeneinander her, oder wir kämpfen weiter. Aber wie, ohne daß sich die Fronten verhärten und wir bitter werden? Eine Situation, die uns fast verzweifeln ließ. Christoph, mein Mann, dachte sogar daran, unsere Ehe verloren zu geben.

Beide sendeten wir (unausgesprochen) dieselbe Botschaft an unseren Partner: »So, wie du bist, bist du nicht gut, jedenfalls nicht als Ehepartner für mich. Du mußt ein anderer werden, anders denken, anders fühlen, mir nicht mehr weh tun.«

Dazu kam ein Katalog negativer Erwartungen, die zu sich selbst erfüllenden Prophezeiungen wurden: »Du hast mich in den letzten zehn Jahren in meinem Selbstwert so oft erniedrigt, mich nicht geachtet, das wirst du auch weiterhin tun. Warum solltest du dich auch ändern. Du bist eben wie alle Männer (alle Frauen).« Negative Erwartungen dieser Art wurden zu einem Gefängnis, in das wir uns gegenseitig einsperrten, und immer wieder verhielten wir uns bis ins Detail diesen Erwartungen entsprechend. Jetzt sagt er ja, aber dann hält er sich doch an keine Absprache und läßt mich allein, dachte ich. Sie ist halt eine Prinzipienreiterin und will nicht nur unsere Kinder sondern auch mich ständig erziehen, dachte mein Mann. Wir steckten in einer Sackgasse.

Angefangen hatte alles recht bilderbuchmäßig: Schon als Teenies hatten wir uns beim Schlittenfahren kennengelernt. Mit achtzehn hatte Christoph sich dann in mich verliebt, aber ich fühlte mich für so eine Beziehung noch nicht reif genug. Er respektierte das und bewunderte wohl auch ein bißchen meine Haltung, überhaupt die Fähigkeit, mich in meinem Handeln nach Überzeugungen zu richten. Mich selbst faszinierte an ihm außer seinem Äußeren, seinen Augen, vor allem seine Art, meine Nähe zu suchen, mir zu zeigen, daß er Nähe braucht, und mich dennoch nicht einzuengen. Er war nicht überheblich, kein Macho. Ich hatte das Gefühl, er mag und akzeptiert mich so, wie ich bin.

Ich war schon seit zwei Jahren Christin, bevor Christoph diesen Schritt wagte, und von da an war es das Engagement in der Gemeinde, das uns am meisten verband. Ein großer Teil der Woche war ausgefüllt mit Gottesdiensten, Bibelarbeiten, missionarischen Aktionen, Freizeiten und Seelsorge. Daß wir keine gemeinsamen Hobbys hatten und daß auch unsere Berufe sich in zwei verschiedenen Welten abspielten, das hatte für uns damals keine Bedeutung.

Wir waren Mitte Zwanzig, als wir heirateten, meinerseits ohne große Zweifel oder Bedenken, aber auch ohne spezielle Vorbereitung. Ohne daß ich mir das bewußt gemacht hätte, ging ich von der Annahme aus, daß ein Leben als Christ zugleich eine Garantie für eine

»erfolgreiche« Ehe sei. Wir hatten beide das Gefühl, die Person gefunden zu haben, die uns liebt und die wir auch lieben, wir wollten füreinander da sein, wir wollten unsere Sexualität in der Ehe leben können, einfach zusammen glücklich sein.

Nur eins wollte ich nicht: so eine Ehe führen, wie meine Eltern sie führten. Ich wollte wertgeschätzt sein, verstanden werden, geachtet werden. Niemand sollte mich abwerten und verletzen.

Der Weg in die Sackgasse ist bei uns mit ganz normalen Erlebnissen und Erfahrungen gepflastert gewesen. Am Anfang stand eigentlich Enttäuschung. Wir lernten unsere negativen Seiten kennen, unsere Empfindlichkeiten, Eigenschaften, die uns nicht gefielen oder uns verletzten. Wie Puzzleteile setzten wir solche Erfahrungen zusammen und machten uns so ein neues, negatives Bild vom anderen: So ist er also! Aus der Enttäuschung wurde im Lauf der Jahre Ablehnung, die sich ab und zu in kleinen (aber sehr verletzenden!) Bemerkungen ausdrückte. »Denk doch mal für fünf Pfennige nach!« war so ein Satz von Christoph, der mich wie ein HB-Männchen an die Decke gehen ließ. »Die Glotze ist dir halt wichtiger als ich«, urteilte ich, wenn mein Mann sich nach einem anstrengenden Tag einen Krimi-Abend gönnte.

Neben solchen Sätzen äußerte sich die Ablehnung bei uns beiden aber sehr unterschiedlich: Christoph begann sich zurückzuziehen, innerlich suchte er aber gleichzeitig Trost und Ermunterung; ich wurde aggressiv, klagte ihn an, entfachte einen Machtkampf. Es waren einfach verschiedene Kommunikationsmuster, nach denen wir uns verhielten, aber um das zu sehen, fehlten uns der Abstand und die Erfahrung. Natürlich brauchten wir beide die Nähe des anderen, aber wir konnten sie uns nicht geben. Eine Balance von Nähe und Distanz bekamen wir einfach nicht hin, jeder fühlte sich entweder bedrängt oder alleingelassen.

Dazu kam, daß ich oft die Empfindung hatte, Christoph verbünde sich mit unseren – inzwischen drei – Kindern gegen mich. Wenn ich gegen acht Uhr am Abend sagte: »Christoph, kannst du schon mal die Kinder ins Bett bringen; ich muß noch einen wichtigen Anruf erledigen«, dann ging ich davon aus, daß er es auch tat. Und dann kam es vor, daß ich nach einer halben Stunde vom Telefon kam, nach den Kindern schauen wollte, keine Kinder im Bett fand, keinen Mann im Wohnzimmer, aber alle vier im Keller vereint vor dem Fernseher. Christoph und die Kinder guckten mich dann so schuldbewußt an, als wollten sie sagen: Sie hat uns mal wieder erwischt. Ich fühlte mich als Gouvernante, von meinem Mann hintergangen, sagte ihm, daß er mir in der Erziehung in den Rücken falle, wurde aggressiv.

Natürlich war meine Reaktion übertrieben. Es war ja nichts Schlimmes passiert, niemandem war wirklich geschadet worden. Aber ich sah überall das Prinzipielle, empfand alles, was Christoph tat oder nicht tat, als symptomatisch. Deshalb belasteten solche Situationen unsere Beziehung ganz unverhältnismäßig schwer.

Daß guter Wille oder auch die Anziehungskraft des Erotischen unsere Ehe nicht weiter tragen konnten, wußten wir beide. Wir konnten uns nicht angstfrei dem anderen öffnen und unsere wunden Punkte offenbaren. Die Mauer aus Steinen der stillen und lauten Anklage und der Bitterkeit war schon so hoch, daß wir uns die innere Nähe, die wir beide doch so dringend brauchten, nicht mehr geben konnten.

Wir versuchten miteinander zu reden. Ich besorgte mir einen Stapel Bücher zum Thema Kommunikation, ich zwang Christoph quasi per Terminkalender zum Gespräch, und wir redeten und redeten. Aber selbst das gemeinsame Gespräch förderte vor allem unsere Unterschiedlichkeit zutage. Ich wollte einfach über alles reden. Für mich war es nicht schlimm, wenn ich um 2 Uhr nachts dasaß mit Tränen in den Augen, ich war trotzdem froh, daß wir miteinander geredet hatten. Aber Christoph fand solche Situationen schrecklich. »Und was nun? Was machen wir denn jetzt?« fragte er dann. »Wieso – was machen wir jetzt? Wir haben drüber geredet, und für mich sind wir ein ganzes Stück weitergekommen«, war meine Antwort. Aber Christoph meinte, wir müßten doch eine Lösung finden, das heißt genauer gesagt: Er hatte das Gefühl, er müßte mir eine Lösung präsentieren, ein Konzept vorschlagen, nach dem wir von jetzt an handeln sollten. Bei Erziehungsfragen war es übrigens dasselbe. Ich wollte mit ihm über die Kinder reden, und er dachte: Jetzt gibt sie mir schon wieder einen Auftrag; *ich* muß das Problem lösen. Wenn ich es nicht schaffe, bin ich kein guter Vater und kein richtiger Mann. Dieser Gedanke machte ihn agressiv, ohne daß er wußte, warum. Dementsprechend versuchte er weitere Gespräche schon im Vorfeld abzublocken.

Was sich bei uns beiden schließlich einstellte, war Resignation: Ich ändere mich ja doch nicht, er ändert sich ja doch nicht, unsere Ehe ändert sich ja doch nicht.

An mir selbst zu beobachten, wie ich resignierte, führte bei mir aber zu einem viel größeren Leidensdruck als bei meinem Mann. Wenn du so weitermachst, wirst du bald genau so eine Ehe führen wie deine Eltern, sagte ich mir. Vierzig Jahre sich arrangieren, aneinander vorbeileben und als verbittertes altes Ehepaar enden. Was konnte die Alternative sein? Sich trennen? Mit drei kleinen Kindern? Und dann war da ja noch der Funke Liebe zwischen uns beiden . . .

»Warum tun wir uns so weh?« Wir stellten uns diese Frage immer wieder, und wir machten tatsächlich Fortschritte bei ihrer Beantwortung, nicht zuletzt durch die Hilfe von Menschen, mit denen wir offen reden konnten. Eigentlich ging es nicht um unsere Ehe, unsere Beziehung, unser tägliches Miteinander. Es ging um das Gepäck, das jeder in die Ehe mitgebracht hatte, um Erlebnisse und Prägungen in unseren Herkunftsfamilien. Es waren alte Wunden, die wir einander wieder aufrissen. Und damit das nicht zu oft passierte, hatten wir Panzer angelegt, hatten Schutzmechanismen eingeübt, Verhaltensweisen, die den anderen abwehren sollten. Aber daraus ergaben sich neue Verletzungen.

Wir entdeckten auch, daß wir gewissen Prinzipien folgten, Leitsätzen, die uns gar nicht bewußt gewesen waren. Bei mir hießen sie: »Mich hintergeht keiner mehr. – Mich wertet niemand mehr ab. – Ich lasse mich nicht in eine Situation bringen, in der ich ohnmächtig bin. – Vertrauen ist gut, Kontrolle ist besser«, und so weiter.

Eines Tages saß ich vor meinem Schreibtisch, die aufgeschlagene Bibel vor mir. Ich las einen Vers, den ich schon x-mal gelesen hatte: »Wer sein Leben festhält, wird es verlieren, aber wer sein Leben verliert um meinetwillen und um des Evangeliums willen, der wird es gewinnen.« Ich wußte, wie der Vers zu interpretieren war, was Jesus wohl damit gemeint hatte, aber in diesem Moment wurde mir eine Übersetzung nur für mich deutlich: Wenn du an dem Kampf um deine Wertschätzung festhältst, wirst du alles verlieren, aber wenn du losläßt, gewinnst du. Das wurde mir schlagartig klar.

Ich habe eine Woche lang abends geheult. Weil ich nicht loslassen wollte. »Wenn ich den Kampf um meine Wertschätzung nicht führe, wer schützt mich denn dann? Ich werde doch zum Fußabtreter!« habe ich zu Gott geschrien. »Wenn ich nicht für mich kämpfe – die anderen tun's doch nicht!«

Annehmen zu können, daß Gott mich schützt, daß er für meine Wertschätzung sorgt, das hat einige Tage und einen inneren Kampf gekostet. Was Gott mir schenken wollte, habe ich nicht froh angenommen, ich habe nur gemerkt: Ich habe keine Wahl. Ich verliere ja doch alles, die Beziehung zu meinem Mann, die Beziehung zu den Kindern, ich kann es nicht festhalten.

Diese Tage, dieses Loslassen nach all dem Kampf waren ein entscheidender Wendepunkt für unsere Ehe. Es folgten viele Gespräche miteinander, in denen wir am »Türhüter der Angst« vorbei unsere Wunden unter den Schutzpanzern hervorholten und uns einander öffneten. Wir suchten und fanden Menschen in unserer Umgebung, mit denen wir reden konnten, die von sich selbst erzählten, die uns beraten konnten und die vor allem mit uns gebetet haben. Christoph erlebte nach und nach, daß es in einer Ehe nicht um Leistung geht, daß es vielmehr wichtig ist, an einem Strang zu ziehen, jeder mit den Fähigkeiten und Kräften, die er hat.

Wir besuchten Eheseminare – heute arbeiten wir selbst bei solchen Seminaren mit, die auch uns selbst immer noch wichtige Impulse geben.

»Ich will loslassen. Schütze und tröste du mich«, das ist auch heute noch mein Gebet in Situationen, in denen alte Wunden aufzubrechen drohen.

»Gott bejaht mich, und ich darf mich so sehen, wie er mich sieht«, das richtete Christoph in Schwierigkeiten auf. Und immer wieder erleben wir, daß Gott besser für uns sorgt, als wir es selber könnten.

»Ich kann nicht
an zwei Fronten kämpfen«

Es begann alles mit einem Betriebsausflug, zu dem ich keine Lust hatte. Am Vorabend des geplanten Ausflugs ging ich zur Jugendstunde unserer Gemeinde, und da erzählte unser Pastor, daß am nächsten Tag eine Gruppe vietnamesischer Flüchtlinge, sogenannte Boat People ankommen würden. Ich meldete mich sofort als freiwillige Helferin. Ein guter Grund, um nicht am Betriebsausflug teilzunehmen, fand ich.

Am folgenden Tag ging ich also zum Gemeindehaus, und da stand zwischen den Flüchtlingen Carsten, mein zukünftiger Mann.

In gewisser Weise war ich auch auf der Flucht, aber nicht vor Krieg oder Hunger, sondern vor meinem Beruf als Erzieher. Ich wollte da raus und hatte mich entschlossen, in einen anderen helfenden Beruf zu wechseln. Die Sache mit den Flüchtlingen war meine erste Aktion.

Wir haben einander gar nicht richtig wahrgenommen an diesem Tag. Carsten stürzte sich gleich in die Arbeit, und ich fand ihn vom ersten Eindruck her völlig uninteressant.

In den nächsten Tagen und Wochen änderte sich das aber. Wir unternahmen einiges gemeinsam, arbeiteten in der Gemeinde auch bei anderen Aufgaben zusammen, und schließlich merkte ich, daß ich seine Nähe suchte, daß ich verliebt war.

Inzwischen hatte die Weihnachtszeit begonnen, und wir hatten mit einigen Mitarbeitern die Idee, ein Knusperhäuschen für die vietnamesischen Flüchtlingskinder zu backen. Wir backten bei meinen Eltern in der Küche, und als wir fertig waren, gingen alle . . . bis auf Carsten. Das Häuschen war fertig, wir saßen in der Küche, und ich sagte mir: Jetzt oder nie, und gestand Carsten meine Liebe.

Ich weiß nicht, ob er perplex war oder nur unsicher, auf jeden Fall stand er einfach auf, nahm seinen Autoschlüssel und fuhr weg. Ich stand an der Tür und starrte hinter ihm her. Das war's, sagte ich mir, aber ich mußte es ihm einfach sagen.

Ich stand immer noch fassungslos in der Tür, da sah ich sein Auto rückwärts den Berg zu unserem Haus wieder herauffahren. Carsten stieg aus.

Es lag Schnee, und die Straße war glatt. Ich weiß noch genau, daß mir, bevor ich versuchte, rückwärts den Berg wieder hochzukommen, in Sekundenschnelle ein Gedanke durch den Kopf ging: Wenn du nicht umkehrst, ist das ein unwiderrufliches Nein; wenn du umkehrst, ist das ein unwiderrufliches Ja. Treue, Zuverlässigkeit, zu dem stehen, was ich verspreche, das waren für mich ganz wichtige Dinge. Ich fuhr zurück und sagte Ja.

So begann unsere Freundschaft. Ein halbes Jahr später haben wir uns dann schon verlobt, teils, weil es unser Wunsch war, teils, weil ich mich von meinen Eltern, vor allem von meinem Vater, in Richtung Ehe gedrängt fühlte. Mein Vater hatte ein sehr negatives Bild von unverheirateten Frauen, und er ließ mich immer wieder spüren, daß er Angst hatte, ich würde keinen Mann bekommen. Carsten wollte für ein Jahr eine Bibelschule besuchen, und damit stand der Hochzeitstermin auch schon fest: nach der Bibelschulzeit.

In diesem Jahr haben wir uns alle vierzehn Tage besucht, aber unsere Beziehung entwickelte sich – so, wie ich die Dinge heute betrachte – nicht wirklich weiter. Wir führten wenige wichtige Gespräche, stritten nie, gingen statt dessen spazieren und demonstrierten: Guckt mal her, was für ein nettes Paar wir sind, wie gut wir uns verstehen, wie gut es uns geht!

Dabei waren meine Gefühle durchaus zwiespältig. Ich zweifelte manchmal daran, ob Carsten der richtige Mann für mich war. Ich entdeckte immer mehr Dinge, die mich an ihm störten, Dinge zum Beispiel, die mich an meinen Vater erinnerten. Aber ich sprach nicht darüber. Ich scheute die Auseinandersetzung. Meine Eltern hatten sich schon immer sehr viel gestritten. Mein Vater war jähzornig und dominant, meine Mutter war schweigsam und »untergeordnet«. Sie führten eine schlechte Ehe, das schien mir klar. Also zog ich den Schluß: Wer sich nicht streitet, führt eine gute Ehe. Dazu kam, daß ich gerne Liebesfilme mit Happy-End sah und die romantische Vorstellung hatte: So muß es sein – man versteht sich ohne Worte.

Wir heirateten, und in punkto Kommunikation änderte sich nichts. Irgendwann, noch in den ersten Monaten unserer Ehe, sagte Simone mir einmal: »Carsten, wenn du mich nicht verstehst, frag nicht, ich werde es von mir aus sagen.«

Manchmal litt ich darunter, daß sie so wenig über wirklich Wichtiges, über Gefühle und solche Dinge mit mir sprach, Organisatorisches wurde natürlich geregelt. In meinem Elternhaus wurde zwar auch nicht viel gesprochen – mein Vater hatte sowieso immer recht, was sollte man da diskutieren –, aber ich hätte es mir für unsere Ehe anders gewünscht.

Dennoch. Der Laden lief, nach außen hin stimmte alles. Als wir zwei Jahre verheiratet waren, wurde unsere erste Tochter geboren, und nach weiteren vier Jahren hatten wir dann drei Töchter.

Carstens beruflicher Werdegang war sehr wechselhaft, konstant war nur, daß er sehr viel arbeitete, häufig unterwegs war und selten bei den Kindern und mir. Bald schon merkte ich, daß ich, was den praktischen Alltag betraf, eine alleinerziehende Mutter mit drei kleinen Kindern war. Ich empfand Ärger und ließ ihn Carsten auch manchmal spüren. Aber ich versuchte nie, ein Gespräch über unsere Situation zustandezubringen oder meinem Mann einmal einen Einblick in das zu geben, was in mir vorging.

Ich spürte manchmal Simones Unzufriedenheit, aber ich »verbuchte« das als Druck, den sie an mich weitergeben wollte. Und beruflich fühlte ich mich auch schon unter Druck. Ich kann nicht an zwei Fronten kämpfen, sagte ich mir. Immerhin muß ich das Geld für eine fünfköpfige Familie aufbringen, und ich will doch ein »Nest bauen«, in dem jeder sich wohlfühlen kann. Die wirtschaftliche Sicherheit hat jetzt nun mal Priorität.

Ich war in einen Beruf eingestiegen beziehungsweise hineingerutscht, den ich nicht gelernt hatte. Das kostete mich sehr viel Einsatz. Aber ich hatte Erfolg, auch wenn das oft hieß, daß ich nur nach Hause kam, um sechs oder auch mal sieben Stunden zu schlafen und dann wieder zu gehen. Es kam da einiges zusammen: Zum einen wollte ich immer alles supergenau und gut machen, und ein Perfektionist wird ja bekanntlich nie mit der Arbeit fertig, außerdem arbeitete ich »für eine gute Sache«, die jedes Opfer wert zu sein schien. Dann gab es die schlichte finanzielle Notwendigkeit, den Erwartungsdruck von Kollegen … Zu Hause lief manches schief, das wußte ich. Ich hatte einfach das Gefühl, alle wollen was von mir. Ab und zu hatte ich auch den Anflug einer Idee, es müßte sich eine ganze Menge ändern, wenn ich nicht auf der Strecke bleiben wollte. Aber um praktisch etwas zu ändern, war der Leidensdruck offenbar noch nicht groß genug.

Irgendwann kapierte ich: Mein Mann ist ein Workaholic. Er kommt als erster und geht als letzter; bei seinen Kollegen ist das anders. Manchmal war ich so wütend, daß ich an seinem Arbeitsplatz anrief und ihn mit meinem ganzen Frust am Telefon überschüttete. Hinterher war ich ein bißchen erleichtert, aber ich hatte auch ein schlechtes Gewissen und dachte: Der arme Mann muß nach dieser »Dusche« jetzt weiterarbeiten.

Ein Licht ging mir auf, als unsere erste Tochter in den Kindergarten sollte. Sie hätte eigentlich keinen Platz bekommen, aber die Kindergartenleiterin hatte meiner Frau gesagt, wir könnten eine Eingabe an den Kindergarten-Rat machen. Sie kannte unsere Situation und meinte, wir sollten schreiben, daß es um einen sozialen Härtefall ginge, daß meine Frau völlig überfordert sei, ich nie zu Hause …

Ich habe den Brief tatsächlich geschrieben, aber beim Schreiben ging mir auf: Ich lege ja hier ein Bekenntnis ab! Ich sage, daß ich für meine Kinder so gut wie nicht vorhanden bin und daß andere Leute sich bitte um unsere Misere kümmern sollen!

Der entscheidende »Knackpunkt« war aber auch dieses Erlebnis noch nicht. Eigentlich habe ich danach der ganzen Sache erst noch die Krone aufgesetzt: Ich wurde Teilhaber einer Firma und war schließlich zusammen mit einem Compagnon für den ganzen Betrieb verantwortlich. Jetzt stand ich erst recht unter Druck. Ich mußte nicht nur für mein Gehalt, sondern auch noch für die Gehälter einer Reihe von Angestellten sorgen.

Und die Entscheidung, diesen Schritt zu tun, habe ich auch noch mitgetragen! Im nachhinein würde ich sagen: Es war eine Sache des Status. Ich konnte auf Carsten stolz sein, und ich merkte auch, wie er in der Achtung meines Vaters stieg. Und das bedeutete mir etwas. Auch finanziell trugen wir das Risiko gemeinsam; das Geld, das wir brauchten, hatten wir beide aufgenommen.

Schon bald darauf sagte ich mir immer wieder: Hätte ich das doch nicht zugelassen! Jetzt kam Carsten noch später nach Hause, und manchmal arbeitete er auch eine ganze Nacht durch. Körperlich ging das natürlich auch nicht spurlos an ihm vorbei: Er baute immer mehr ab, hatte aber »keine Zeit, krank zu werden«.

Eigentlich war es nur eine kleine Bemerkung, durch die mir eines Tages eine Art Stoppschild vor die Nase gehalten wurde. Inzwischen waren zwei unserer Kinder im Kindergarten, und als ich die beiden abholte, sagte die Leiterin einmal zu mir: »Du kommst jeden Tag ganz abgehetzt hier an.« Ich schilderte ihr kurz unsere Situation, und sie bot mir an, mit meinem Mann und mir ein Gespräch zu führen. Daß es bei diesem Gespräch nicht um Kleinigkeiten, sondern um sehr Grundsätzliches gehen würde, war ihr klar. Auch für mich selbst wußte ich, daß es auf eine Entscheidung hinauslief: Entweder ich akzeptiere unser Familienleben so, wie es ist, oder ich steige aus. Auch vorher hatte ich schon manchmal an Trennung gedacht, aber der Gedanke hatte mir immer angst gemacht. Und dann waren da die vielen praktischen Fragen, die mir unlösbar schienen. Diese Gedanken waren nie auf praktische Schritte zur Veränderung hinausgelaufen, ich fühlte immer nur Verzweiflung.

Ich war auf diese Kindergarten-Leiterin erst einmal nur sauer. Ich fand es anmaßend von ihr, mit uns reden zu wollen, das heißt: mich zur Rede stellen zu wollen, so empfand ich das. Was erlaubt die sich eigentlich? Außerdem hat sie mit Kirche und Glaube nichts am Hut, was kann sie uns schon sagen? Heute denke ich: Die Leute aus unserer Gemeinde konnten uns gar nicht helfen. Wir ließen sie ja nicht in unser Leben hineingucken. Nach außen hin schien alles immer noch völlig in Ordnung. Dabei brauchten wir eigentlich niemandem etwas vorzumachen, wir lebten einfach in so einer großen Distanz zu anderen Leuten, daß uns keiner hinter die Fassade gucken konnte. So wie wir Freundschaft inzwischen kennengelernt haben, muß ich sagen: Wir hatten damals keine Freunde, wir pflegten nur oberflächliche Bekanntschaften.

Ich erschien dennoch zum Gesprächstermin mit der Erzieherin und hatte mir auch extra frei genommen. Als wir uns trafen, störte mich gleich noch etwas: Wir saßen in einem Eiscafé, draußen, auf einer Straße in der Stadtmitte. Ich fühlte mich irgendwie öffentlich vorgeführt. Heute denke ich: Die Frau war pfiffig. Ich hatte das Gefühl, alles, was ich hier sage und verspreche, geschieht vor Zeugen und hat Gewicht.

Aber zunächst hielt ich das Ganze für ein abgekartetes Spiel zwischen Simone und der Erzieherin. Ich fühlte mich in die Enge getrieben. Sage ich: »Es ist doch alles in Ordnung, warum sollte ich was ändern?«, dann ist es mit unserer Ehe aus; verspreche ich, daß es anders wird, dann muß ich konkret werden und mich verpflichten. Ich habe mich also gewunden: »Ich würde auch gerne vieles ändern, aber im Augenblick geht es schlecht. Du weißt ja nicht, unter welchen Sachzwängen ich stehe . . .« und so weiter.

Interessanterweise hat dieses Gespräch zunächst einmal auf meiner Seite Veränderung bewirkt. Ich stellte fest, daß ich eigentlich immer gegen die Arbeit meines Mannes angekämpft hatte. Carsten hatte immer behauptet, viel zu arbeiten sei eben sein Ausdruck von Liebe und Fürsorge für die Familie, aber ich hatte es ihm nicht geglaubt. Ich wollte das jetzt einmal so nehmen, wie er es sagte. Ich wollte mich hinter seine Arbeit stellen, auch wenn es mich immer noch ärgerte, wenn er so wenig zu Hause war. Ich sagte auch Gott im Gebet: Ich will nicht mehr kämpfen. Ich will Carsten keine Vorwürfe mehr machen.

Mich befreite dieses Gespräch von einer Illusion. Ich hatte mir immer eingeredet, daß der Druck eines Tages aufhören würde, nach dem Motto: Noch ein Jahr, dann wird es besser, nächstes Jahr um diese Zeit werden wir schon das und das geschafft haben, und so weiter. Das glaubte ich jetzt nicht mehr. Ich wußte: Wenn wir uns nicht ändern, wenn ich mich nicht ändere, dann ändert sich gar nichts, dann wird das nächste Jahr nicht anders als dieses Jahr. Trotzdem sträubte sich einiges in mir gegen eine Veränderung. Ich bekam leicht das Gefühl, alle wollen was an mir ändern, alle drehen an mir herum, alle wollen sich den Carsten zusammenbasteln, der ihnen paßt.

Der Weg für Veränderung wurde trotzdem frei, und das verdanke ich meinem Compagnon in der Firma. Er war in seiner Ehe und Familie an einen ähnlichen Punkt gekommen wie ich. Beide merkten wir: Wir machen doch uns und die anderen kaputt. Wir waren beide etwa sieben Jahre verheiratet, und wir waren beide bereit, Nägel mit Köpfen zu machen, um unser Privatleben zu retten. Wir machten die Firma zu. Die meisten Mitarbeiter konnten geschlossen in eine andere Firma wechseln, und wir verkauften, was wir verkaufen konnten. So wie sich der Druck auf meine Schultern gelegt hatte, als ich in das Unternehmen einstieg, so wurde er weggeblasen, als ich meinen Arbeitsvertrag als Angestellter in einer anderen Firma unterzeichnete. Ich spürte eine riesige Erleichterung – trotz des großen finanziellen Verlustes, den wir zu tragen hatten.

Privat war damit aber noch nicht alles im Lot. Wir merkten, daß uns eine »andere Ehe« nicht einfach in den Schoß fiel. Wir mußten arbeiten, manchmal richtig »ackern« und viel investieren, damit unser Zusammenleben sich ändern konnte.

Ich wußte immer, daß Gott die Ehe will und daß er sie segnet. Aber in dieser Zeit wurde mir klar, daß eine glückliche Ehe uns nicht zufällt, daß wir dafür einiges tun müssen. Davon hatte ich mir vorher keine Vorstellung gemacht.

Inzwischen sind weitere sieben Jahre vergangen, und wir haben eine Menge gelernt und viel gewonnen. Ich habe zum Beispiel gelernt, daß ich den Mund auftun muß, sagen muß, was ich will. Ich hatte vor unserer großen Krise in erster Linie für die Kinder gelebt, in zweiter für Carsten, meine eigenen Bedürfnisse standen irgendwo ganz weit hinten an. Jetzt begann ich, sie mir bewußt zu machen, sie zu äußern, zu sagen, was mich stört und was ich mir wünsche. Manchmal freut es Carsten, daß ich endlich was sage, manchmal ist es aber auch unangenehm oder unbequem. Wir streiten jetzt auch und finden inzwischen, daß ein konstruktiver Streit auch etwas Gutes sein kann. Inzwischen gelingt es uns meistens, so zu streiten, daß keiner der Sieger und keiner der Verlierer ist.

Am Anfang fühlten wir uns ein bißchen wie zwei einsame Forscher auf einer Expedition. Wir konnten uns einfach nicht vorstellen, daß andere Ehepaare genau die gleichen Probleme haben wie wir. Nach einer Weile hegten wir immerhin den Verdacht, daß andere genauso zu kämpfen haben wie wir und es bloß auch nicht sagen.

Ein wichtiges Ereignis in dieser Lage war für uns die Ehekrise eines anderen Paares. Die beiden hatten recht exponierte Positionen im Leben unserer Gemeinde, und trotzdem machten sie aus ihrer Krise kein Hehl. Ich hatte sie vorher schon bewundert, aber als sie den Mut hatten, zu ihren Schwierigkeiten öffentlich zu stehen, stiegen sie noch in meiner Achtung. Ich merkte, wie es für die ganze Gemeinde befreiend war, daß sie darüber sprechen konnten. Nicht nur von uns, auch von anderen fiel der Druck ab, perfekt sein zu müssen oder perfekt scheinen zu müssen. Einer ganzen Reihe von Ehepaaren in unserer Gemeinde geht es schlecht. Viele Ehen sind nicht so gut, wie sie sein könnten. – Solche Sätze begannen wir jetzt zu denken und auch zu sagen, und das führte zu guten Gesprächen, zu gemeinsamen Abenden mit anderen Ehepaaren, dazu, daß wir schließlich ein Eheseminar besuchten. Aus diesem Seminar entwickelte sich für ein Jahr ein vierzehntägliches Treffen mit zwei anderen Paaren, und diese Abende hatten wiederum auch eine ganze Reihe von Konsequenzen.

In einem der Gespräche wurde mir deutlich: Ich bin eßsüchtig. Es kostete mich viel Mut, das auszusprechen, aber es brachte mich einen entscheidenden Schritt weiter. Über jeden Streit, über jedes Problem tröstete ich mich mit Essen. »Wenn die anderen mir nichts geben, dann gebe ich es mir selbst« – das war sicher ein Motto seit meiner Kindheit. Natürlich ging es dabei nicht um Essen, sondern um Liebe. Ich hatte mich nur an den Ersatz gewöhnt. Wenn ich aß, hatte ich immer das Gefühl, ich tue mir etwas Gutes, auch wenn ich im Kopf wußte, daß das Gegenteil der Fall war. Meine Sucht war nicht so stark, daß sie für die Familie ein ernsthaftes Problem gewesen wäre. Es war meine stille Art, für mich selbst zu sorgen in dem Bewußtsein, daß sonst niemand für mich sorgte.

Ich lernte zuerst in einer Gruppentherapie und dann in einer Einzeltherapie viel über mich selbst. Gleichzeitig wurde ich seelsorgerlich begleitet und lernte vergeben und mir vergeben lassen. Von der Eßsucht wirklich los kam ich, während ich auf einer Tagung mit einem Ehepaar um Heilung betete. Daß das die Befreiung war, merkte ich erst ein paar Wochen später. Das Verlangen nach Zucker und Fett war weg, ich hatte abgenommen, ich war frei. Die Therapie setzte ich noch eine Weile fort, bis ich merkte, daß ich diese Unterstützung nicht mehr brauchte.

Noch viele andere Dinge haben sich verändert, nicht von heute auf morgen, aber im Lauf der Zeit. Ich habe meine wöchentliche Arbeitszeit auf 32 Stunden reduziert. So habe ich mehr Zeit für meine persönlichen Anliegen, für Simone und die Kinder. Abends erzählen wir uns, was wir den Tag über erlebt haben und wie es uns geht. Einmal in der Woche machen wir einen Familienabend, der reihum von einem von uns fünf gestaltet wird. Manchmal ist das lustig, manchmal geht es aber auch um gegenseitige Korrektur, auch durch die Kinder. Freundschaften bauen und pflegen ist das Thema, das für uns seit einiger Zeit »dran« ist, und zu diesen Freundschaften gehört auch die Freundschaft, die uns als Ehepartner verbindet.

Die Nummer fünf

Wir sind seit 31 Jahren verheiratet, haben vier Kinder und vier kleine Enkelkinder, die uns viel Freude machen. Kurz nach unserer Silberhochzeit hat Gott uns mit einer tiefgreifenden Veränderung unseres Lebens und vor allem unserer Ehe beschenkt.

Als wir heirateten, zog ich weit von zu Hause weg zu meinem Mann, das heißt ins Haus meiner Schwiegermutter und in eine völlig neue Umgebung. Ich war zum ersten Mal in meinem Leben aus meinem gewohnten Umfeld herausgerissen. Mein ganzer Halt war die Beziehung zu meinem Mann. Unsere Ehe begann recht gut, doch dann traten zunehmend Probleme auf. Wenn Reinhard an meinem Verhalten etwas nicht paßte oder ich ihn kritisierte, zog er sich schnell in ein Schneckenhaus zurück, er schwieg, und die Verständigung wurde sehr schwierig. Außerdem war er sehr viel von zu Hause weg, engagiert in Gemeinde und Beruf, und ich fühlte mich mehr und mehr einsam und unverstanden. Wenn ich Reinhard sagte, daß ich einsam war, daß ich Zuwendung brauchte, zog er sich zurück.

Reinhard selbst tat sich schwer mit all den Anforderungen, die auf ihm lasteten. Er stand unter ständigem Leistungsdruck, sowohl im Beruf als auch in der Gemeinde. Er setzte sich überall ganz ein. Wenn ich auch noch Bedürfnisse anmeldete, wurde das von ihm immer als Kritik verstanden, so als habe er bei allem Einsatz immer noch nicht genug geleistet. Er reagierte dann verletzt und schwieg. Wir waren einfach nicht in der Lage, uns zu verständigen.

Unsere Kinder wurden in sehr kurzen Abständen geboren; als wir vier Jahre verheiratet waren, war das dritte schon da. Ich war bis an den Rand meiner Kräfte gefordert und je länger je mehr überfordert. Ich wurde krank: Anfängliche depressive Verstimmungen verstärkten sich, ich wurde sehr schwer depressiv.

Nach außen hin waren wir eine ganz intakte Familie, nur ich war krank, depressiv – so etwas kommt ja vor. Reinhard war Ältester in der Gemeinde, alle kamen mit ihm gut zurecht – nur ich nicht. Im Grunde genommen fühlte ich mich von Gott und von Menschen verlassen. Ich schob Reinhard sehr stark die Schuld an meiner Misere zu. Ich funktionierte nur noch. Ich hatte keine echten Gefühle mehr, Ärger schluckte ich herunter, meine Meinung sagte ich nicht. Mit kleinen mühsamen Schritten versuchte ich in den folgenden Jahren, meine Lage zu ändern und wieder Boden unter die Füße zu bekommen, wieder ich selbst zu werden. Ganz langsam ging es mir besser.

Wir waren schon 25 Jahre verheiratet, als Reinhard ein Buch in die Hand bekam, das bei ihm eine tiefgreifende Veränderung auslöste. Auch in unserer Ehe hat sich seitdem vieles bewegt.

Schon in den Jahren davor hatte Elisabeth immer wieder versucht, mir Bücher zu empfehlen, in denen es um die Verbesserung der Ehebeziehung geht. Ich hatte sie nie gelesen und ihr immer gesagt, daß ich zum Lesen keine Zeit hätte. In Wirklichkeit fürchtete ich aber auch die Kritik, die in den Büchern stecken könnte, und wollte mich neben meiner vielen Arbeit nicht auch noch damit auseinandersetzen.

Das Buch, das eine radikale Veränderung meines Lebens auslöste, war kein Ehebuch, sondern ein Buch über Zeiteinteilung (»Zeit planen – sinnvoll leben« von Frank Porter). Der Titel sprach mich an, ich griff sofort zu. Das war mein Problem: Ich hatte nie Zeit. Ich lebte unter ständigem Druck – im Beruf, in der Gemeinde und auch in der Familie.

In unserem Sommerurlaub, kurz nach unserer Silberhochzeit, las ich dann dieses Buch und fand dort folgende Prioritätenliste:

Im Leben eines Christen steht an erster Stelle seine Beziehung zu Gott,
an zweiter Stelle steht die Beziehung zur Ehefrau,
an dritter die Beziehung zu den Kindern,
an vierter der Beruf,
an fünfter Stelle die Gemeinde.
(Wobei sich vier und fünf situationsbedingt zeitweise austauschen lassen.)

Diese Liste erschütterte mich bis in mein tiefstes Inneres. Die Prioritätenliste, die ich lebte und immer schon gelebt hatte, sah anders aus. Die Nummer eins war Gott. An dieser Stelle gab es für mich keine Frage. Seit meinem dreizehnten Lebensjahr lebte ich bewußt und konsequent als Christ. Die Nummer zwei war für mich die Gemeinde, denn meine Beziehung zu Gott spiegelte sich konsequenterweise auch in meinem Engagement in der Gemeinde wider. Eigentlich war bei mir Gott 1 a und die Gemeinde 1 b. Dann kam als drittes der Beruf, denn als junger Familienvater mußte ich ja den Lebensunterhalt für meine Familie verdienen. Dann kamen die Kinder, die den Vater und seine Zuwendung brauchten. Und als fünftes kam Elisabeth, meine Ehefrau. Als fünftes nicht deshalb, weil ich sie dort bewußt eingestuft hätte, sondern deshalb, weil ich davon ausging, daß sie als die Person, die mich am besten kannte, die mir am nächsten stand, mich verstand und wußte, wie streßgeplagt ich war.

Ursache für meine verschobene Prioritätenliste war sicher auch das elterliche Vorbild. Mein Vater war Pastor im überregionalen Dienst. Er erfüllte seine Aufgabe mit viel Freude, mit einer ganz großen Liebe zu Jesus und mit aller ihm zur Verfügung stehenden Kraft. Meine Mutter sah ihren Teil des Dienstes darin, den Vater freizugeben und ziehen zu lassen, und dieses Vorbild hat mein Leben mitbestimmt. Ich wurde recht früh Ältester in unserer Gemeinde. Zuvor war ich schon einige Jahre im Chor, im Bläserchor und in der Jungscharleitung gewesen, und seitens der Gemeinde bestand – so empfand ich es – eine große Erwartungshaltung, die mich sehr herausforderte. Kurze Zeit nachdem ich Ältester geworden war, begannen wir, das Gemeindehaus umzubauen. Es war für mich selbstverständlich, auf dem Bau meine ganze Kraft einzusetzen. Wenn ich abends von der Arbeit nach Hause kam, stellte ich die Tasche weg und ging vier- bis fünfmal in der Woche zum Gemeindehausbau, während Elisabeth mit unseren drei kleinen Kindern oftmals weinend zu Hause saß.

Aufgrund des Vorbilds meiner Eltern habe ich mich nie gefragt, ob mein Einsatz und mein Engagement in der Gemeinde von Elisabeth mitgetragen wurden.

Erst später wurde mir klar, daß bestimmte Prägungen während meiner Kindheit einen starken Leistungsdruck, eine allgemeine Leistungsorientierung in meinem Leben hervorgerufen haben, unter der wir auch in unserer Ehe sehr litten.

Zurück zur Prioritätenliste in meiner Urlaubslektüre: Erst allmählich begann ich zu begreifen, was ich durch meine falschen Prioritäten in Elisabeths Leben ausgelöst hatte. Es folgte eine für mich sehr schwere Zeit, als wir begannen, die Dinge in Gesprächen aufzuarbeiten. Ich las jetzt tatsächlich hilfreiche Ehebücher. Wir besuchten auf meinen Wunsch hin Eheseminare. Wir sprachen dort mit anderen Menschen über unsere Ehe und über unsere Beziehung zueinander. Ich steckte dann mein berufliches Engagement zurück, und auch in der Gemeinde gab ich einiges an Verantwortung ab, um mehr Zeit für meine Familie und auch für unsere Ehebeziehung zu finden. In dieser Zeit haben Elisabeth und ich viel miteinander und füreinander gebetet. Wir haben Gott um das verstärkte Wirken seines Geistes in unserem Leben gebeten, um Veränderung meiner Prägung und Strukturen und um Heilung für Elisabeths Verletzungen.

Ganz wichtig war es, daß Elisabeth mir vergeben hat. Und auch ich habe Elisabeth vergeben, wo sie mir weh getan hatte. Jesus hat uns vergeben, und nach und nach wurde unsere Beziehung neu. In dieser Phase entwickelte sich unser gemeinsames geistliches Leben; was das bedeutet und was für ein Geschenk uns Gott damit macht, haben wir seitdem entdecken können.

Trotz mancher Veränderung blieb in meinem Leben das Gefühl von einem inneren Druck und von ständigem Streß. Aus dieser Not heraus entstand der Wunsch in meinem Herzen, zu »hören, wie ein Jünger hört«. Ich wollte erfahren, was Gott über mein Leben denkt, und ich wollte erkennen, woher dieser Druck, dieses

*Streßempfinden kam und wie ich davon frei werden
konnte.*

*Gerade in dieser Zeit erhielten wir die Einladung zu
einem Seminar mit dem Thema: »Hören, wie ein Jünger hört«. Wir fuhren hin und hörten viel über das Reden Gottes zu den Menschen.*

*Ich habe, obwohl ich mit großer Erwartung dort hin-
gefahren war, in dieser Seminarwoche nicht die Lösung meines Grundproblems erfahren. Aber in der Woche danach, als wir wieder zu Hause waren, betete ich
an einem freien Nachmittag noch einmal sehr intensiv und hoffte, daß Gott zu mir ganz persönlich redete.
Ich rief sehr ernst zu Gott, haderte vielleicht sogar mit
ihm und bedrängte ihn: »Herr, wenn ich nicht hören
kann, was du mir sagen willst, dann sprich bitte so laut
zu mir, daß selbst ich es verstehen kann.«*

Gott hat mich an diesem Tag ganz besonders seine Nähe fühlen lassen. Ich hatte Frieden in meinem Herzen,
war ganz gelassen und konnte so Reinhard in seiner
Not Zuspruch geben. Ich merkte, wie intensiv er suchte und fragte. Als wir dann abends zusammen beteten,
wollte ich noch für unsere Kinder beten, aber es war, als
würde Gott meine Gedanken in eine andere Richtung
lenken. Statt für die Kinder habe ich dann für Reinhard
gebetet.

*In ihrem Gebet hat Elisabeth dafür gebetet, daß ich
nicht länger »der Menschen Knecht« sein sollte. Bei
diesem Stichwort ist bei mir etwas aufgebrochen, was
vorher verschlossen war. Ich wußte, daß es der Schlüssel zu meinem Problem war. Meine ganze Not kam im
Laufe des Abends im Gebet und im Gespräch mit Eli-*

sabeth nach und nach zum Vorschein. Viele Situationen fielen mir ein, in denen ich der Menschen Knecht gewesen war. Ich konnte nie nein sagen. Alles, was an Anforderungen auf mich zukam, besonders alles, was aus der Gemeinde kam, alle Anfragen und Aufgaben, habe ich als Gottes Ruf aufgefaßt und in Angriff genommen. Ich sperrte mich nie. Alles, worum man mich bat, war für mich ein Auftrag von Gott. Wir fragten an diesem Abend Gott im Gebet: Woher kommt das? Warum bin ich der Menschen Knecht? Und Gott hat mir ein Bild geschenkt: Ich habe mich selbst gesehen, ich war ein kleiner Junge, etwa acht Jahre alt, der auf einer Wiese stand, mit einem sehr ernsten und traurigen Gesicht. An meiner Hand hielt ich einen erwachsenen Menschen, der aber im Dunkeln blieb. Ich habe ihn nicht erkennen können.

Wir fragten Gott weiter: Was ist denn da geschehen? Was bedeutet dieses Bild? Dann schenkte Gott mir ein zweites Bild. Ich stand wieder auf dieser Wiese, aber ich war allein. Immer noch mit sehr traurigem Gesicht. Der Erwachsene war nicht mehr da, er hatte mich kleinen Jungen dort sozusagen im Regen stehengelassen.

Ich wußte ganz sicher und genau, daß mein Leben in diesem Augenblick durch den Erwachsenen schwer belastet wurde, daß ich unter den Einfluß eines Fluchers geraten bin, und daß in dieser Situation die Wurzel meines Zwanges entstand, »der Menschen Knecht« sein zu müssen.

Wir beteten weiter, und ich vergab diesem Menschen, der dort an mir schuldig geworden war. Danach baten wir Jesus, mich durch seine Kraft von der Belastung des Fluchers zu befreien und alle seine Auswir-

kungen aus meinem Leben zu tilgen. Jesus hat unser Gebet erhört: augenblicklich fuhr ein Dämon aus mir aus. Ein großer Friede und tiefe Freude erfüllten mein Herz, ich fühlte und wußte, daß ich frei geworden war. Gleichzeitig war ich tief erschüttert darüber, daß ich als Christ, der die Nachfolge Jesu immer sehr ernst genommen hatte, so viele Jahre hindurch unter diesem Zwang durch eine dämonische Belastung stehen konnte und daß auch die Motive meines Dienstes davon beeinflußt worden waren.

Am nächsten Tag erzählte ich unserem Gemeindepastor das Erlebnis des vergangenen Abends. Ich löste mich für einige Monate von der Gemeindearbeit und zog mich ganz bewußt in die Stille zurück. Ich wollte mein Leben neu vor Gott überdenken und ihm Raum geben, damit er mich so veränderte, wie er mich haben wollte.

Es war eine sehr schwere Zeit für mich. Es gab Tage, an denen ich nur noch beten konnte: »Herr, ich will diesen Weg der Veränderung gehen, deiner Führung und der Erneuerung durch dich stillehalten.« Obwohl es ein sehr schwerer Weg war, wußte ich immer, daß er gut war.

Wir lasen in diesen Monaten gemeinsam gute Bücher, die uns halfen, Zusammenhänge in unserem Leben zu erkennen, die bis in die früheste Kindheit zurückreichen.

Ich verstand jetzt den Einfluß der Umstände, unter denen ich als kleines Kind gelebt hatte. Schon als meine Mutter mit mir schwanger war, durchlebte sie eine sehr schwierige Zeit, und als ich acht Wochen alt war, starb die Mutter meiner Mutter. Von da an gab es innerhalb von zwei Jahren einige Sterbefälle in ihrer Familie – auch junge Menschen waren dabei. Meine Mutter lebte während meiner ersten Lebensjahre fast ständig in Trauer. Als ich 2 1/2 Jahre alt war, wurde mein Vater in den Krieg eingezogen. Auch das war ein einschneidendes Erlebnis für meine Mutter und für mich. In der Seelsorge wurde mir erst kürzlich bewußt, daß ich aus alledem in meinem Herzen die Überzeugung abgeleitet hatte: »Ich habe kein Recht zu leben.«

Diese Erkenntnis hat mir geholfen, meine späteren Nöte besser zu verstehen.

Wir verstanden in der Zeit des Umbruchs, daß die Schwierigkeiten, die wir in unserer Ehe miteinander hatten, nicht zuerst in Problemen zwischen uns als Ehepartner begründet waren, sondern in unserer persönlichen Lebensgeschichte, die in unsere Ehe hineingewirkt hatte. Vieles hat sich seitdem in unserem Leben geändert. Mir ist die Nummer Eins noch viel größer geworden. Elisabeth, die Nummer Zwei, ist mir viel lieber, viel näher als je zuvor. Unsere Zeit miteinander und vor Gott hat einen neuen, einen ganz hohen Stellenwert bekommen. Und meine Zeiteinteilung wird als erstes vom höchsten Dienstherrn bestimmt, nicht mehr zuerst von Menschen und den Aufgaben, die sie an mich herantragen.

Wir haben auch verstanden, daß Gott unsere Ehe gebraucht hat und weiter gebrauchen möchte, um uns wechselseitig zu verändern und wachsen zu lassen in das Bild Jesu. Was für ein Geschenk!

»Wir waren verletzt
und verletzten einander«

*Als wir uns vor vierzehn Jahren am Strand einer grie-
chischen Insel das erste Mal sahen, hatten wir beide eine bewegte Vergangenheit »im Gepäck«. Ich lebte den
größten Teil des Jahres in Griechenland, obwohl ich
noch eine Wohnung in Deutschland besaß. Meinem
Zuhause hatte ich nach vielen Enttäuschungen den
Rücken gekehrt, das heißt, ich wußte eigentlich nicht,
ob ich überhaupt ein Zuhause hatte. Zwischen Allgäu
und Ostsee hatte ich so ziemlich überall in Deutschland gewohnt. Nach meiner frühzeitigen Pensionie-
rung schien mir ein Leben in Griechenland am attrak-
tivsten, nicht zuletzt deshalb, weil mir die griechisch-
orthodoxe Kirche ein wenig das religiöse Zuhause er-
setzen sollte, das ich mit der katholischen Kirche verloren hatte. Meine Frau dagegen, die ich dort kennenlernte, war bodenständig, hatte ihr ganzes Leben am
selben Ort mit denselben Menschen gelebt. Und trotzdem merkten wir bald: Uns beide verbindet etwas. Wir
führten stundenlange Gespräche – von Verliebtheit
oder ähnlichem war noch keine Spur. »Gefunkt« hat
es erst Monate nach dieser Begegnung in Griechenland.*

Ich bin gegen Ende des Krieges in eine kinderreiche Familie geboren, deren Leben nicht gerade harmonisch
verlief. Mein Vater war Berufssoldat, und alles, was ich
mit ihm gemeinsam zu haben schien, war seine Liebe

zu Pferden. Seine Zuwendung zur Familie und zu mir vermißte ich meine ganze Kindheit lang. Ich fing während der Ausbildung mit dem Reitsport an und zog so früh wie möglich von zu Hause aus. Über das Reiten lernte ich einen jungen Mann kennen, und von ihm bekam ich, als ich Anfang zwanzig war, ein Kind. In den sechziger Jahren war ein uneheliches Kind ja noch ein Skandal, und das Verhältnis zu meinem Elternhaus und besonders zu meinem Vater verschlechterte sich dementsprechend. Mein Vater wollte mich wieder nach Hause holen, und für kurze Zeiten versuchten wir auch, unter einem Dach zu leben, aber ich war so etwas wie die Revoluzzerin der Familie, und es ging nie lange gut. Als mein Sohn fünf Jahre alt war, zog ich dann endgültig aus. Andreas hatte einen Hortplatz, und ich konnte wieder mit voller Stelle arbeiten. Äußerlich entwickelten sich viele Dinge positiv; ich hatte viele Freunde, konnte mir ein eigenes Pferd leisten und war ständig unterwegs. Aber innerlich war ich irgendwie immer auf der Suche, nie wirklich zufrieden. Heute sage ich mir, daß ich die Nestwärme suchte, die ich von klein auf vermißt hatte.

Ich lernte viele Leute kennen und ging immer wieder Beziehungen ein, auch zu verheirateten Männern. Wenn man zwischen dreißig und vierzig ist, lernt man ja nicht mehr viele ledige Männer kennen. Und immer wieder geriet ich dadurch in riesige Schwierigkeiten. Als ich nach dem Ende einer Beziehung wieder einmal völlig »fertig« war, sagte eine Freundin zu mir: »Jetzt mach erst einmal einen Schnitt, spann aus, flieg weg, bring dich mal auf andere Gedanken.« Ich sah mich nicht in der Lage, irgend etwas zu organisieren, aber diese Freundin regelte alles für mich, und so geriet ich auf die griechische Insel, auf der ich Werner begegnete.

Mit dem christlichen Glauben hatte ich damals erst wenige Berührungspunkte gehabt. In meinem Elternhaus war evangelisch ungefähr dasselbe wie preußisch. Über meinen Sohn ergaben sich, weil er nach der Schule in einem Hort war, Kontakte zu einer Gemeinde. Eine Religionslehrerin, die in der Gemeinde eine Jungschargruppe leitete, lud nämlich im Hort zu der Gruppe ein, und Andreas ging dort hin. Nach einer Weile besuchte er auch den Gottesdienst, und ganz selten gelang es ihm, auch mich »mitzuschleifen«. Einerseits war es mir ein bißchen peinlich, daß man in dieser Gemeinde so persönlich angesprochen und begrüßt wurde, andererseits fand ich es auch nett, und ich dachte manchmal, daß es mir gut tun würde, in so eine Gemeinschaft eingebunden zu sein. Trotzdem ging ich nur sporadisch hin.

Mein Vater ist im Krieg gefallen. Diese Tatsache war das bestimmende Element meiner Kindheit und Jugend, vielleicht sogar meines Lebens als Erwachsener. Ich war damals gerade sechs; ein halbes Jahr zuvor hatte ich ihn das letzte Mal gesehen. Obwohl ich ihn kaum kannte, trug ich mein ganzes Leben lang das Bild eines guten Vaters in mir. Aus Erzählungen zu schließen, muß er meine Mutter auf Händen getragen haben.

Zwei Jahre nach dem Tod meines Vaters starb meine Schwester. Zu meiner Mutter habe ich nie einen wirklich innigen Kontakt gehabt. Wir lebten auf dem Land, und ich war eine Art Exot. Ich las gerne und viel und war das einzige Kind aus dem Dorf, das aufs Gymnasium ging, in eine katholische Klosterschule.

Schon bald nach dem Tod meines Vaters mußte ich eine Menge Pflichten übernehmen, nach dem Krieg ging es ja vor allen Dingen um das Essen und andere überlebenswichtige Dinge. Meine Mutter war nicht zimperlich und sparte nicht mit Schlägen. Sie hatte kurz nach dem Krieg eine Beziehung mit einem anderen Mann begonnen, die nach vier Jahren schlagartig in eine Ehe umgewandelt wurde. (Später habe ich erfahren, meine Mutter hatte geglaubt, sie sei schwanger.) Ich war gerade in einer Kinderkur und habe diese Hochzeit gar nicht erlebt. Als ich nach Hause kam, hatte ich also einen Stiefvater, den ich erst mit »Onkel« und dann mit »Vater« anreden mußte. Ich fand das ganz schlimm und habe es eigentlich bis zu seinem Tod vor wenigen Jahren als ganz schlimm empfunden. Mein Stiefvater hat mich oft geprügelt und einmal beinahe erstochen. Mit dreizehn Jahren bin ich dann allerdings in ein Internat gekommen. Es war nur fünfzehn Kilometer von unserem Dorf entfernt, aber ich traute mich fast nie nach Hause. Selbst frische Wäsche habe ich mir nur geholt, wenn ich sicher sein konnte, daß mein Stiefvater bei der Arbeit war.

In meine erste Ehe bin ich im Grund genommen hineingeflohen. Ich wollte ein eigenes Zuhause haben, auch im materiellen Sinn. Ich war damals als Zeitsoldat bei der Bundeswehr, auch keine Umgebung, die Geborgenheit schenkt. Aber mein Vater – mein leiblicher Vater – war mein Vorbild. Er war ja auch Soldat gewesen, und ich verband gewisse Tugenden damit. Die Ehe versprach eine Heimat, also habe ich so früh wie möglich geheiratet, ich war gerade einundzwanzig. Verheiratet war ich dann aber mehr mit meiner

Schwiegermutter als mit meiner Frau. Sie führte Regie, sie verwaltete die Finanzen, sie verfolgte uns bis ins Schlafzimmer.

Ich blieb für weitere zehn Jahre bei der Bundeswehr und wurde dementsprechend durch ganz Deutschland versetzt, aber meine Frau weigerte sich umzuziehen und blieb bei ihrer Mutter. Ein Zuhause hatte ich also immer noch nicht, obwohl wir zwei Kinder bekamen und ein Haus bauten. Ich war dort nur Gast, und in den letzten Jahren unserer Ehe genügte eine Viertelstunde nach meiner Rückkehr von einem Bundeswehrstandort, um die Mauer zwischen uns neu entstehen zu lassen. In der Erziehung unserer Kinder habe ich kaum eine Rolle gespielt, von mir war nur die Rede, wenn die Kinder bestraft werden sollten. Aufgrund meiner eigenen Erfahrungen hab ich mich aber geweigert, sie körperlich zu strafen.

Viele Jahre existierte unsere Ehe nur noch auf dem Papier. Dann wurden wir geschieden. Ich lernte eine neue Frau kennen und erlebte das als _die_ große Liebe. Wir zogen zusammen, lebten einige Jahre gemeinsam und heirateten dann. Die Verhältnisse waren jedoch äußerst schwierig. Als ich meine zweite Frau kennenlernte, war sie seit einem halben Jahr Witwe. Ihr Mann hatte Selbstmord begangen, sie war allein mit ihren drei Kindern zwischen vier und zehn Jahren. Wir waren erst kurze Zeit verheiratet, da merkte ich, daß meine Liebe zu ihr sozusagen in einer Einbahnstraße existierte. Meine Frau hatte immer auch Verhältnisse zu anderen Männern. Das war während ihrer ersten Ehe auch schon so gewesen. Oft war sie tagelang fort, und ich war allein mit den Kindern und versuchte verzweifelt, sie zurückzuholen. Eines Tages gestand sie mir, *daß sie mich nur geheiratet habe, um aus dem Ort her-auszukommen, wo man mit dem Finger auf sie zeigte, weil man ihr die Schuld am Selbstmord ihres ersten Mannes gab. Unsere Ehe wurde geschieden, nachdem wir bereits zwei Jahre getrennt gelebt hatten.*

Ich war immer praktizierender Katholik gewesen und hatte noch mit dreißig Jahren in Uniform bei der Mes-se ministriert. Das Scheitern meiner Ehen hatte mich aus der Kirche hinausgedrängt. Ich geriet in eine tiefe innere Krise. Ich wußte auch in religiöser Hinsicht nicht mehr, wo ich hingehörte.

In dieser Situation bekam ich Kontakt zur grie-chisch-orthodoxen Kirche und fuhr etwa dreißigmal nach Griechenland, bevor ich mich ganz dort nieder-ließ.

Man kann sich vorstellen, daß wir beide große Bin-dungsängste hatten, als wir uns kennenlernten. Immer waren wir auf der Suche gewesen, immer waren wir enttäuscht worden. Werner kam zunächst besuchswei-se nach Deutschland. Wir führten viele Gespräche mit-einander, aber eine echte »Vergangenheitsbewältigung« war uns nicht möglich.

Ich hatte inzwischen einen intensiveren Kontakt zu der Gemeinde bekommen, in deren Gottesdienste ich vorher schon manchmal gegangen war. Auch Werner wurde dort sehr herzlich aufgenommen, wenn er mich besuchte.

Und in einer Veranstaltung dieser Gemeinde fiel es mir dann, während wir gemeinsam beteten, wie Schuppen von den Augen: Hier ist dein Weg. Hör auf, weiter her-umzusuchen. Die Bibel gibt dir Orientierung.

*Ich verließ Griechenland endgültig, und wir ent-
schieden uns für ein gemeinsames Leben – mit Zittern
und Zagen. Meine zweite Hochzeit war mit viel Pomp
und einer Militärparade gefeiert worden. Jetzt gingen
wir nur mit Reginas Sohn und zwei Trauzeugen zum
Standesamt. Anstelle einer Trauung wurden wir in der
Gemeinde gesegnet.*

Im gemeinsamen Leben stellten wir bald fest, daß wir
beide unwahrscheinlich verletzbar waren und uns immer wieder gegenseitig verletzten. Wir wollten uns beide nicht »unterkriegen« lassen, das heißt, jeder wollte
dominieren. Werner hatte bei der Bundeswehr etwas zu
sagen gehabt, und ich war seit vielen Jahren Geschäfts-
führerin bei einer großen Versicherungsgesellschaft.

*Aus meinen beiden ersten Ehen hatte ich – nur halb
bewußt – den Schluß gezogen: Du bist zu gutmütig.
Liefere dich nie mehr einer Frau aus!*

Und ich versuchte zu dominieren, obwohl ich doch im
tiefsten jemanden suchte, bei dem ich mich anlehnen
konnte, der mir Wärme schenkte.

Es gab immer mehr Reibungspunkte. Wir hatten beide das Gefühl, unendlich viel Geduld aufbringen zu
müssen, um den anderen ertragen zu können. Wir
machten uns das Leben schwer. Wir waren etwa sieben
Jahre verheiratet, als mein Mann in eine Kur fuhr. Beide
waren wir froh, daß wir uns so für eine Weile räumlich
trennen konnten. Wir hofften, daß sich die Wogen in
dieser Zeit glätten würden. Ich hörte während dieser
Wochen, daß in unserer Nähe Eheseminare angeboten
wurden, und meldete uns kurzerhand an. In Blick auf

unsere Ehe war ich in Weltuntergangsstimmung. Ob Werner will oder nicht, wir müssen da einfach hin, sagte ich mir. Es ist unsere letzte Chance. Ich wußte, daß es ein »frommes« Eheseminar war, zu dem ich uns da angemeldet hatte, aber ich wußte nicht so genau, was das bedeuten würde. Unser Glaube war damals noch nichts, was unserem Leben einen Halt gegeben hätte. Wir wären nicht auf den Gedanken gekommen, daß wir mit allem, was uns bewegte, auch mit unseren ganzen Eheschwierigkeiten, einfach zu Gott kommen könnten. Werner war tatsächlich einverstanden, das Seminar zu besuchen, und wir fuhren nach seiner Kur gemeinsam zu einem Wochenkurs. Am Freitagmittag vor der Abfahrt hatten wir allerdings so einen Streit miteinander, daß wir uns nicht vorstellen konnten, dieses Wochenende gemeinsam zu verbringen. Wir wollten anrufen und absagen, hatten aber Angst, uns zu blamieren, und fuhren dann doch los.

Wir waren kaum dort, da wäre ich am liebsten wieder umgekehrt. Wir sind hier total falsch, sagte ich mir. Diese Paare sitzen hier alle so entspannt und freundlich, und mir ist nur nach heulen zumute. Deren Probleme sind wahrscheinlich Kinkerlitzchen gegen die Felswand, vor der wir stehen. Daß meine Einschätzung falsch war, stellte sich bald heraus. Die anderen Paare fühlten sich kaum besser als wir. Es folgte ein anstrengendes, aber gutes Wochenende. Am Ende des Seminars sollten wir ein Resümee ziehen und unsere Erfahrungen austauschen. Anschließend legte der Seminarleiter einen Stein und eine Kerze in unseren Stuhlkreis und sagte: »Wer möchte, kann jetzt den Stein nehmen und sagen, daß ihm ein Stein vom Herzen gefallen ist, daß er aufatmen kann. Ihr könnt auch die Kerze nehmen, wenn euch ein Licht aufgegangen ist, wenn ihr etwas erkannt habt.« Ich klebte an meinem Stuhl, ich hatte schweißnasse Hände. Aber Werner sprang auf und nahm beides, den Stein und die Kerze. Mir wurde richtig schwindelig, und ich fürchtete mich irgendwie vor dem, was er sagen würde. Andererseits bewunderte ich seinen Mut. Werner stand da und erzählte und erzählte. Er war völlig locker und froh, und allmählich löste sich auch meine Verkrampftheit. Nach diesem Seminarteil ließen wir uns beide von zwei Mitarbeitern segnen. Sie beteten für uns, und wir sprachen ihnen nach: »Jesus, ich will Regina ganz neu aus deiner Hand nehmen . . .«, »Jesus, ich will Werner ganz neu aus deiner Hand nehmen . . .«

Es war ein neuer Start für unsere Ehe. Viel »Aufräumarbeit« war noch zu leisten, auch im Blick auf das Wirrwarr in meiner Vergangenheit. Nicht alles kann ich wiedergutmachen, das schmerzt mich besonders, wenn ich an meine Kinder denke. Aber ich habe Gottes Vergebung erfahren.

Ich kann nicht sagen, daß unser Zusammenleben leichter geworden ist, aber wesentlich fröhlicher ist es sicher. Oft gelingt es uns jetzt, uns selbst über die Schulter zu gucken und und zu sagen: Merkst du, wie du dich wichtig nimmst? Wie du dich in deinem Stolz verletzt fühlst? Vorsicht!

Wir streiten uns immer noch, aber wir haben nicht mehr das Gefühl, der Bestand unserer Ehe hängt vom Ausgang des Streits ab. Wir lieben uns, und Gottes Zusage gibt unserer Ehe Bestand. Darauf können wir vertrauen.

Jenseits unserer Träume

Wir sind zwei sehr verschiedene Personen. Das stellen wir immer wieder fest. Die Unterschiedlichkeit von Mann und Frau, ihres Denkens, ihres Fühlens, das ist ein konstantes Thema in unserer Ehe. Schon am Anfang war das sehr deutlich. Wir kennen uns schon sehr lange. Wir kommen aus einer Gemeinde. Etwas besser kennengelernt haben wir uns im Chor und in der Jugendgruppe.

Wir sind zwölf Jahre verheiratet, waren ein Jahr verlobt und vorher zwei Jahre befreundet. Davor kannten wir uns zwar, aber uns schien klar, daß wir füreinander nicht in Frage kamen.

Ich konnte mir diese Karin nicht vorstellen als meine Frau, überhaupt nicht. Sie war der Anti-Typ zu meiner Traumfrau. Ihre Art, sich zu kleiden, war zum Beispiel überhaupt nicht mein Geschmack.

Und Thomas war absolut nicht der Typ Mann, den ich mir vorstellte. Dennoch entwickelte sich zwischen uns eine Freundschaft. Wir haben gerne Sachen zusammen gemacht. Es war nicht der Anfang der Freundschaft, daß wir uns irgendwie anziehend fanden, das Anziehende kam, als diese Freundschaft wuchs und wir viel zusammen machten.

Es war ein guter Start für unsere Beziehung.

Eine Phase der totalen Verliebtheit, wo man auf Wolke siebzehn ist, haben wir nicht erlebt. Die Realität war uns immer sehr nahe. Große Abstürze haben wir allerdings auch nicht erlebt.

Ich glaube, daß sehr viel daran lag, daß wir gleich gemerkt haben, daß wir sehr unterschiedlich sind, daß wir uns in jemanden verliebt haben, den wir uns – zumindest was das Äußere betrifft – nicht ausgesucht hätten.

Wir kamen uns also näher, waren zwei Jahre zusammen, haben uns verlobt und dann ein Jahr später geheiratet.

Und haben eigentlich erst dann spitz gekriegt, daß Ehen nicht unbedingt gelingen.

Auch christliche Ehen nicht.

Wir haben vorher gar nicht darüber nachgedacht. Aber dann haben sich unsere besten Freunde, die etwas vor uns geheiratet hatten, nach einem Jahr scheiden lassen. Und wir haben nichts geahnt und nichts gemerkt. Dasselbe haben wir noch bei einem anderen Paar erlebt. Diese Erlebnisse haben uns natürlich nachdenklich gemacht. Erst dann haben wir gemerkt, wie wenig selbstverständlich es ist, wenn eine Ehe gelingt.

Ich weiß nicht mehr, ob ich damals Angst bekommen habe. Aber ich weiß, daß wir uns gesagt haben: Es ist auch ein Geschenk, wenn es gelingt. Es liegt nicht nur in unserer Hand, daß Ehen gelingen.

Es ist uns aber auch klar geworden, daß auch An-
strengung dazugehört, ein Wollen: Ich will dich lieben.
Ich weiß, daß das am Anfang unserer Beziehung und
auch am Anfang der Ehe für uns ein ganz wichtiger
Satz war. Daß die Liebe eben auch ein Wollen ist, nicht
nur ein Gefühl. Und auch jetzt noch erleben wir bei
uns selbst und bei den Paaren, die wir beraten: Wenn
ich nicht will, dann kann nicht sehr viel passieren.

Es gibt natürlich Situationen, da sieht man einen anderen Mann und denkt: Der schaut gut aus oder: Der ist
sehr sympathisch. Und automatisch vergleicht man
ihn dann mit dem eigenen Mann. Ich muß dann an einen Punkt gelangen, wo ich mir sage: Ja, der sieht gut
aus, der ist sehr sympathisch, aber Thomas ist der
Mann, den ich geheiratet habe. Ich habe mich entschieden, ihn lieben zu wollen. Wenn das Gefühl der Liebe
auch nicht da ist, dann ist aber dennoch der Wille zu lieben da, und daran halte ich fest, egal was passiert.

Zu den Unterschieden, die uns früh deutlich wurden,
gehört auch, daß wir einen sehr unterschiedlichen fa-
miliären Hintergrund haben, auch wenn wir beide aus
christlichen Elternhäusern kommen. In unserer Wahr-
nehmung stellen sich daher Dinge ganz anders dar. Ich
kenne es von zu Hause zum Beispiel überhaupt nicht,
daß man laut wird, wenn man miteinander spricht.

Thomas hat gedacht, wir brüllen uns an. Dabei sprechen wir nur sehr lebhaft.

Ja, aber es war für mich ein Ton, den ich nicht
kannte. Das fand ich am Anfang schwierig. Bis ich

mitgekriegt habe, daß es nichts Schlimmes ist, wenn meine Schwiegereltern laut miteinander reden. Es ist nur ein anderer Ton. Dafür gibt es in dieser Familie eine echte Streitkultur. Das hat uns geholfen, auch für uns selbst eine Streitkultur zu entwickeln, auch wenn die anders aussieht als in meiner Schwiegerfamilie. Bei mir zu Hause sah es dagegen immer aus, als gäbe es keine Probleme, jedenfalls wurde nicht über sie gesprochen.

Streit war deshalb für mich immer etwas ganz Schreckliches. Bei uns wurde »der Mantel der Liebe« über alles gebreitet, dann war es in Ordnung. »Wir lieben uns«, hieß es, »und die Liebe deckt alles zu.«

Dementsprechend schwierig war es am Anfang unserer Ehe, wenn wir uns gestritten haben.

Ich habe mich aufgeregt, und er hat nur gesagt: »Du siehst so süß aus, wenn du zornig bist.«

Im Grunde genommen war es Hilflosigkeit. Ich hatte von meinem Vater übernommen, daß man in unangenehmen Situationen einfach einen Witz macht. Dann muß man sich nicht weiter damit auseinandersetzen.

Ich bin nach so einem Satz natürlich explodiert.

Und damit konnte ich auch nicht umgehen. Ich fand das unmöglich und habe mich zurückgezogen, gar nichts mehr gesagt. Es dauerte eine Zeit – vielleicht ein, zwei Tage, aber ich habe sie als Ewigkeit empfunden –, bis es dann endlich soweit war, daß wir diese Situation nicht mehr ertragen konnten und endlich miteinander gesprochen haben.

Zum Glück – so sehe ich es heute – waren wir einige Jahre verheiratet, bevor das erste Kind kam. In dieser Zeit haben wir eine Menge gelernt und uns nach und nach gefunden.

Wir haben auch langsam begriffen, daß die Unterschiedlichkeit eine ganz große Chance ist, daß wir uns ergänzen können.

Da gibt es ja das bekannte Bild von der Kommode und dem Kleiderschrank: Der Mann hat seine Lebensbereiche wie in einer Kommode geordnet. Alles ist fein säuberlich voneinander getrennt, für alles gibt es eine Schublade. Bei den Lebensbereichen der Frau verhält es sich eher wie mit einem Kleiderschrank: Öffnet man die Tür, hat man alles auf einen Blick vor sich. Alle Lebensbereiche sind eng miteinander verknüpft, und jeder Bereich wird immer auch im Zusammenhang mit anderen gesehen. Der Mann dagegen öffnet eine Schublade, schließt sie wieder und wendet sich der nächsten zu.

Während man als Frau immer denkt: Das kann man doch nicht trennen! Und dabei geht man davon aus, der andere denkt und empfindet genauso wie ich. Und eigentlich muß jeder normale Mitteleuropäer so denken und empfinden. Wenn er das nicht tut, dann will er mir eins auswischen, oder er liebt mich nicht.

Seit wir uns mit dem Thema beschäftigen, versuchen wir, eher nachzufragen: Wie meinst du das denn jetzt? Vielleicht hat der andere ja einfach einen anderen gedanklichen Weg genommen, und er meint es gar nicht böse und liebt mich trotzdem.

Die Unterschiede betreffen natürlich auch die Gefühle. Ich erinnere mich an eine Situation, die ich als entsetzlich empfand. Unser erstes Kind war zwei Jahre alt, und wir haben uns ein zweites Kind gewünscht, aber das »klappte« nicht. Das hat mir sehr zu schaffen gemacht. Ich weiß noch, daß ich im Bett saß und weinte und total verzweifelt war, weil ich das Gefühl hatte, ich bin die einzige, die darunter leidet. Mein Mann steckt das einfach so weg, das berührt ihn überhaupt nicht. Mich machte das fix und fertig, daß ich warten mußte und nichts tun konnte. Es war entsetzlich für mich. Ich habe es lange mit mir herumgeschleppt, bis ich es irgendwann geschafft habe, es Thomas gegenüber überhaupt auszusprechen. Ich habe ihm gesagt, ich finde es ätzend, daß ihm das überhaupt nichts ausmacht, daß er so cool bleibt. Als er dann seine Gefühle und seine Tränen zeigte, war es für mich ein wirklicher Trost.

Und ich hatte immer gedacht, ich darf es nicht zeigen, daß es mir viel ausmacht. Ich muß stark bleiben, um sie tragen zu können, um ihr Sicherheit zu geben.

Mir hätte das so viel bedeutet, wenn er einfach nur gesagt hätte: Du, mir geht es genauso, du leidest nicht allein an dieser Sache.

So haben wir an diesem Punkt gelernt, miteinander zu reden, was nicht heißt, daß das Problem damit aus der Welt war. In der Zeit, in der wir auf unser zweites Kind warten mußten, merkte ich immer wieder: Ich kann Gott nicht zutrauen, daß er es wirklich gut meint. Klar, man ist Christ, und ein Christ vertraut Gott in jeder Lebenslage. Man gibt das an Gott ab, und dann hat man Frieden und ist ruhig und geht getrost in den Tag. Das habe ich nicht geschafft. Je länger es dauerte, desto mehr habe ich darunter gelitten, daß ich nicht der Christ war, von dem ich dachte, daß ich es sein müßte. Ich merkte einfach, ich kann Gott absolut nicht vertrauen.

Dann haben wir an einem Seminar teilgenommen und dort mit Leuten gesprochen und wegen dieser Sache gebetet. Als ich sagte, ich kann Gott nicht vertrauen, haben sie mich gefragt: Was hast du für ein Verhältnis zu deinen Eltern? Was wollen die denn, habe ich gedacht, das hat doch damit überhaupt nichts zu tun. Außerdem habe ich ein gutes Verhältnis zu meinen Eltern!

Später, als wir als Paar zusammensaßen und noch einmal miteinander beteten, fiel mir eine Sache aus meiner Kindheit ein: Vor meiner Geburt waren meine Eltern völlig überzeugt davon, daß ich ein Junge werde. Das erstgeborene Kind wird ein Junge – daran hatten sie gar keinen Zweifel. Deshalb waren sie nicht auf ein Mädchen eingestellt, als ich geboren wurde. Meine Eltern haben nie versucht, einen Jungen aus mir zu machen, aber ich war dennoch immer sehr jungenhaft.

Bei diesem Seminar kam mir zum ersten Mal der Gedanke: Selbst wenn meine Eltern sich mehr einen Jungen gewünscht haben als ein Mädchen – Gott hat sich mich immer als Mädchen vorgestellt. Als ich das begriffen hatte, habe ich zum ersten Mal in meinem Leben vor Freude geweint, weil ich plötzlich in meinem Herzen wußte: Gott wollte mich als Tochter. Er hat da nichts falsch gemacht, er hat sich nicht vertan, sondern er hat genau gewußt, was er tut. Und mit einemmal wußte ich auch, warum ich Schwierigkeiten hatte, Gott zu vertrauen. Ich war mir ja nicht sicher, ob er das kann, was er will. Es hätte ihm durchaus ein Fehler unterlaufen sein können. In meiner Vorstellung war einfach etwas verbogen. Das hat Auswirkungen auf mein Verhältnis zu Gott gehabt, aber auch auf mein Verhältnis zu meinem Frausein. Mir wurde klar: Ich habe mein Frausein eigentlich nie annehmen können.

Mir fiel als erstes auf, was diese Erkenntnis bei Karin äußerlich veränderte, von der Kleidung her, von der Art, sich zu bewegen. Denn von dem Moment an, wo für sie klar war, für Gott ist sie von Anfang an eine Tochter, da wurde sie weiblicher. Auch unsere Sexualität veränderte sich dadurch.

Für mich war es vor allem eine Sache des Wertes. Ich habe immer unbewußt empfunden: Frauen sind Menschen zweiter Klasse.

Eine Sache ist wirklich wunderbar: Unser zweites Kind ist eine Tochter. Aber Gott hat sie uns erst geschenkt, nachdem er mich an dieser Stelle heil gemacht hatte. Ich bin mir sicher, wenn er das nicht erst getan hätte, dann wäre unsere Tochter genauso geworden wie ich. Und ich hätte sie innerlich immer abgewertet, weil sie eben »nur« ein Mädchen ist. Dann wäre dieses Problem noch eine Generation weitergetragen worden.

Aber als Jana auf die Welt kam, da habe ich gedacht: Was für eine tolle kleine Frau! Ich versuche immer mehr herauszufinden, was es bedeutet, eine Frau zu sein, und was Gott gerade mit Frauen vorhat. Was Frauen tun können. Wozu er ausgerechnet Frauen braucht. Er hat uns ja als Männer *und* Frauen geschaffen. Und zusammen sind wir sein Ebenbild. Das heißt, Gott braucht Frauen, um einen wesentlichen Aspekt seines

Wesens darzustellen. Das ist ein Gedanke, der mich fasziniert, bei dem ich weiterkommen möchte.

Auch für unser Zusammenleben hat sich etwas geändert. Zuerst einmal hatte ich spontan das Gefühl: Ich habe eine neue Frau. Sie ist weiblicher, aber sie ist gleichzeitig auch selbstbewußter geworden.

Das hängt auch damit zusammen, daß ich angefangen habe, die Gaben zu entdecken, die Gott mir gegeben hat, und daß ich diese Gaben als Frau einsetze. Das ist einfach faszinierend. Das macht mir Spaß, und ich merke, ich kann eine Menge Dinge tun. Und ich freue mich, daß Thomas mich unterstützt und bestätigt. Er gibt mir den Freiraum, den ich dafür brauche.

Das ist nur ein Beispiel dafür, wie Gott spürbar und deutlich in unsere Ehe eingegriffen hat. Wir haben daraus gelernt, auch in Zukunft mit dem direkten Wirken Gottes in unserem Leben zu rechnen. Wir trauen ihm mehr zu als früher, und wir erwarten auch mehr von ihm, weil wir erlebt haben, daß wir Dinge nicht unser ganzes Leben mit uns herumschleppen müssen. Gott greift mit seiner heilenden Macht konkret ein.

»Es war, als hätte jemand die Handbremse gelöst«

Bei einem Gästegottesdienst in einem christlichen Tagungszentrum sahen wir uns das erste Mal. Ich verbrachte meinen Urlaub in diesem Haus, weil es mir die einzige Möglichkeit zu sein schien, aus meinem alten Leben herauszukommen. Ich komme aus einer Familie, in der sowohl Sucht als auch okkulte Vorgänge eine Rolle spielten. Viele schreckliche Erfahrungen mit der sichtbaren und der unsichtbaren Welt hatten tiefe Furchen der Angst in meine Seele gegraben. Etwa seit meinem vierten Lebensjahr litt ich unter massiven Migräneanfällen, die immer wieder erfolglos behandelt worden waren.

Erste Erfahrungen mit Alkohol und mit illegalen Drogen machte ich schon früh. Und ich lernte die Existenz des Satans kennen und fürchten, ohne einen Ausweg zu sehen.

Als ich Christin wurde, konnte ich eine Zeit ohne Alkohol und Drogen leben, aber ich war mir nie ganz sicher, ob Jesus wirklich der Sieger über alles Dunkle in meinem Leben ist. Ich blieb immer im Spannungsfeld zwischen der Angst, wieder »abzustürzen«, und der Gewißheit, von Gott angenommen und bei ihm geborgen zu sein.

Ich machte zwei verschiedene Berufsausbildungen und kam schließlich an einen Arbeitsplatz, an dem es üblich war, Alkohol zu trinken und andere Drogen zu nehmen. Ich wußte, daß ich dort weg mußte, und floh sozusagen durch einen Umzug in den Westen.

Dort trafen wir uns also, Stefan und ich. Beide waren wir allein (Stefan hatte gerade den Arbeitsplatz gewechselt) und suchten Anschluß. Aber bald verband uns noch mehr: Stefan kam aus einer stabilen Familie, hatte studiert und übte einen interessanten Beruf aus. Ich kam von einem schwierigen familiären Hintergrund und war sehr schwach und anlehnungsbedürftig, auch wenn ich in meinem Leben gerade eine Art Aufräumaktion gemacht hatte.

Wir waren erst ein paar Wochen befreundet, da merkten wir: Désirée ist die Klientin, ich bin ihr Therapeut.

Zuerst hatte das viel Positives: Stefan ermutigte mich, meine Vergangenheit hinter mir zu lassen und etwas Neues zu beginnen. Aber schon bald orientierte ich mich nur noch an dem, was ich für Stefans Meinung und Geschmack hielt. Ich kleidete mich nach seinem Geschmack, hörte die Musik, die ihm gefiel . . . Ich erinnere mich, daß ich sogar jeden Tag einen Liter Milch getrunken habe, obwohl ich Milch gar nicht mag. Aber ich glaubte, daß ich jetzt so gesund leben müßte wie Stefan, also trank ich Milch. Ich wollte ihm gefallen und vergaß immer mehr, wer ich selber war und was ich selber wollte.

Wir merkten natürlich bald selbst, daß so eine Beziehung auf Dauer nicht gutgehen kann, und wollten uns trennen. In seelsorgerlichen Gesprächen, die wir getrennt voneinander führten, kamen wir dann aber zu dem Schluß, daß unser Verhältnis vielleicht doch noch eine Chance hatte, wenn wir eine Weile getrennt leb-

ten und Désirée sich in größerem Abstand von mir weiterentwickeln konnte.

Ich zog vorübergehend in eine Nachbarstadt. Dort kannte ich eine Christin, durch die ich neben Arbeit und Wohnung auch schon bald Gemeindeanschluß fand. Einige Zeit fühlte ich mich hin und her gerissen. Einerseits zog es mich in Stefans Nähe, andererseits hatte ich unsere Schwierigkeiten nicht vergessen und vertraute den Seelsorgern, die uns sagten, daß es so vernünftiger sei.

In dieser Zeit engagierte ich mich beruflich sehr stark. Ich verstand meine Arbeit als Auftrag von Gott und wurde darin von vielen Mitchristen bestätigt. Aufgrund von falsch verstandener oder einseitiger Lehre hieß mein Motto: »Alles für den Herrn – zuerst kommt der Dienst!«, und daran änderten auch unsere Verlobung und schließlich unsere Hochzeit nichts.

Ich wurde bald schwanger, und mir ging es gar nicht gut. Meine Migräneanfälle wurden immer häufiger. Stefan und einige unserer Freunde bedrängten mich mit der Frage, was Gott mir wohl damit sagen wolle.

Ich kann so nicht leben, habe ich mir eines Tages gesagt. Ich verlasse Stefan, und ich verlasse dieses ganze Umfeld.

Während ich meinen Ausstieg aus der Ehe plante, schrieb ich der Frau von unserem Pastor einen Brief und teilte ihr mit, daß ich Stefan verlassen würde. Ihre Reaktion kam prompt, und ein paar Tage später waren wir – beide! – bei ihr und ihrem Mann zum Gespräch.

Die Frau des Pastors erzählte eigentlich nur von sich, von der ersten Zeit ihrer Ehe. Ihr Mann war ein ehrgeiziger junger Pastor gewesen, der glaubte, alles, was er tat, für Gott zu tun. Seine Frau kam da kaum vor. Daß die Ehe auch ein Gottesdienst ist, das verstand er erst nach vielen Schwierigkeiten.

Diese Frau klagte mich überhaupt nicht an, aber während des Gesprächs brach trotzdem für mich eine Welt zusammen. Ich begriff zum ersten Mal, was in meiner Frau seit unserer Hochzeit vorgegangen sein mußte. Und ich hatte immer geglaubt, wir hätten doch die gleiche Berufung und müßten alle Schwierigkeiten ertragen!

Noch am selben Abend sprachen wir uns aus und beschlossen, unsere Prioritäten neu zu bedenken und unseren Lebensstil zu ändern.

Da unsere Wohnung für drei Personen zu klein war, zogen wir um, und in den folgenden Wochen kam einiges ins Lot. Aber mit der Geburt von Lydia brachen neue Schwierigkeiten auf, das heißt, im Grunde genommen waren es alte. Ich merkte plötzlich, daß ich Stefan und Lydia nicht allein lassen konnte. Ich bekam Angst, wenn Stefan das Kind anfaßte. Ich beobachtete die beiden ständig. Ich fand die Vorstellung, daß er Lydia nackt sieht und anfaßt, schrecklich. Eines Tages schaffte ich es, Stefan zu sagen, welche Gedanken mich quälten. Gemeinsam überlegten wir, an wen wir uns wenden könnten. Ich hatte eine dunkle Erinnerung daran, als Kind sexuell mißbraucht worden zu sein. Als ich Christin geworden war, hatte ich so eine Art Generalamnestie ausgesprochen und allen alles vergeben. Damit ist auch dieser Fall erledigt, hatte ich gedacht. Aber mit Lydia holte meine Vergangenheit mich ein.

Schließlich ging ich alle vierzehn Tage zu einer Seelsorgerin, die auch eine therapeutische Zusatzausbildung hatte. Sie arbeitete mit mir sehr gründlich, inklusive Hausaufgaben. Ich wurde allerdings sehr bald wieder schwanger und hatte damit einen Grund zu sagen: Wir lassen die Gespräche jetzt lieber. Ich schaffe das nicht mehr.

Tim wurde geboren, und als er fünfzehn Monate alt war, war ich mit Daniel, unserem dritten Kind, schwanger. Heute würde ich sagen: Einerseits wollten wir gerne Kinder, andererseits war es auch eine Flucht. Jede Schwangerschaft und jede Stillzeit gaben mir einen neuen Grund, mich nicht mit meiner Vergangenheit auseinanderzusetzen.

Während dieser ganzen Zeit wurden meine Migräne, aber auch meine inneren Ängste immer schlimmer, und die Beziehung zwischen Stefan und mir wurde immer problematischer. Mehrmals wöchentlich litt ich unter Migräneanfällen, Schmerztabletten schluckte ich massenweise. Oft befielen mich Ängste, wie ich sie noch aus der Drogen- und Okkultismus-Szene kannte. Stefan nahm, sooft es ging, die Kinder, damit ich liegen konnte. Ständig hieß es: »Seid leise, die Mama braucht Ruhe . . .«, und tatsächlich waren unsere Kinder in den ersten Jahren sehr still und überhaupt sehr angepaßt.

Außerdem wurde es für Désirée immer schwieriger, mir zu begegnen. Ganz normale Dinge, eine Berührung, ein Kuß, das ertrug sie zeitweise schon nicht mehr. Ich erinnere mich an eine Situation, in der ich Désirée trösten wollte, weil sie traurig war und weinte.

Ich hatte sie kaum berührt, da sagte sie: »Nimm deine Hand weg, die brennt wie Feuer!« Sie wurde oft für mich ganz unnahbar. Ich wußte ja – wenigstens ansatzweise – von der Sache mit dem Mißbrauch, aber es war für mich trotzdem sehr schwierig festzustellen, daß ich für sie manchmal einfach einer von »den Männern« war. Oft habe ich gedacht: Wie kommt sie eigentlich darauf, so von mir zu denken? Was unterstellt sie mir denn?

Schließlich war ich am Ende meiner Kräfte, auch am Ende meiner Geduld. Ich bekam offensichtlich die Wut ab, die sie auf den Täter hatte. Ich hatte das Gefühl, ich gehe leer aus. Sollten wir denn wie Bruder und Schwester leben?

Dann tat sie mir wieder fürchterlich leid. Ich kam zum Beispiel nach einem anstrengendem Tag nach Hause, hatte mich eigentlich auf zu Hause gefreut, und Désirée saß da wie ein Häufchen Elend und weinte. Es stellte sich dann heraus, daß in einer Fernsehsendung das Thema Mißbrauch angesprochen worden war, und sie konnte nur noch sagen: »Es ist alles so schlimm, es ist alles so schlimm . . .«

Wir mußten einen Ausweg finden. Die Tabletten brachten Désirée nur kurzfristige körperliche Erleichterung, mehr nicht. Wir ahnten, daß die Probleme tief saßen, und suchten uns kompetente Gesprächspartner. Für mich war klar, daß ich nicht alles tragen konnte und daß ich auch kein Opfer werden wollte, das in Selbstmitleid zerfließt.

Meine inneren Ängste ließen mir keine Ruhe, besonders dann, wenn Stefan abends unterwegs war. Manchmal konnte ich nicht allein in den Keller gehen, Erfahrungen, die ich früher gemacht hatte, wurden wieder wach, und ich durchlebte neu die Konfrontation mit teuflischen Mächten.

Auf der Suche nach Hilfe wandte ich mich an eine christliche Beratungsstelle. Was ich dort hörte, war für mich ein »Hammer«. »Sie müssen eine stationäre Therapie machen. Wir können nicht in einer ambulanten Therapie Wunden aufreißen und Sie dann mit den Schmerzen nach Hause schicken.« Da bist du nun zwölf Jahre Christin, hast drei Kinder und bist reif für die Klappse, habe ich mir gesagt. Das ist alles, was du davon hast.

Stefan war bereit, ein halbes Jahr unbezahlten Urlaub zu nehmen, damit endlich etwas geschehen konnte. Aber ein anderes Erlebnis brachte eine überraschende Wende:

Wir nahmen an einer Mitarbeiterfreizeit unserer Gemeinde teil, zu der fachkundige Referenten zum Thema »Befreiung von okkulten Mächten« eingeladen worden waren. Daß Satan und seine Dämonen reale Mächte sind, wußte ich durch die Erfahrungen in meiner Herkunftsfamilie und während meiner Drogenzeit. Auf dem Weg zur Freizeit schwebte ich deshalb zwischen Furcht und Hoffnung. Ich wollte diesen Dingen nicht noch einmal begegnen, aber ich hoffte gleichzeitig, daß mir Jesus Befreiung aus dem Käfig meiner Ängste schenken würde.

Nach dem Vortrag eines Ehepaars merkte ich: Du mußt mit den beiden sprechen. Das ist deine Chance. Gemeinsam hatten wir zuvor Kraft aus Lobpreis und Anbetung geschöpft, und Gott hatte alle Anwesenden zu einer inneren Einheit im Heiligen Geist geführt. Im Gespräch und im Gebet mit dem Ehepaar erlebte ich dann die Befreiung, nach der ich mich so gesehnt hatte.

Ich bin froh, daß ich für diesen Abend einen Babysitter finden und bei Désirée sein konnte. So wurde ich selbst Zeuge des geistlichen Kampfes und des Sieges Jesu über verschiedene Dämonen. Am Ende dieses Abends war Désirée erschöpft, aber unglaublich erleichtert.

Die folgenden Wochen versetzten uns immer wieder in Erstaunen: Es war, als hätte jemand eine Handbremse gelöst, die vorher immer angezogen war. Auf einmal konnte Désirée »losfahren«, sie war nicht mehr gebremst, sie hatte Energie. Und ihre Migräne war verschwunden. Ich konnte es zunächst kaum glauben und beobachtete mit Spannung, ob sich die bekannten Symptome wieder einstellen würden. Seither sind zwei Jahre vergangen, und immer noch ist sie frei – frei von dämonischen Einflüssen und frei von der Migräne.

Eine ganze Menge hat sich in dieser Zeit in unserer Familie verändert. Unsere Kinder sind lauter, frecher, selbstbewußter, einfach »normaler« geworden. Darüber freuen wir uns, auch wenn wir uns jetzt ganz anders mit ihnen auseinandersetzen müssen. Sie gucken nicht mehr ängstlich, wie es wohl ihrer Mutter geht.

Die Befreiung von den okkulten Mächten, die auch mit dem sexuellen Mißbrauch in Zusammenhang standen, führte uns schrittweise zu einem neuen Umgang miteinander. Wir sind freier und offener geworden. Es gibt keine Gebiete mehr, die angstbesetzt oder tabuisiert sind. Das hat auch unser sexuelles Zusammenleben sehr positiv verändert. So etwas geschieht ja

nicht über den Kopf, über schlaue Bücher und Bibel-
stellen, sondern über geheilte und dadurch veränderte
Emotionen.

Désirée bietet inzwischen mit einer Freundin einen
Gesprächskreis für Frauen mit ähnlichen Problemen
an. Sie kann jetzt anderen Menschen helfen, ohne daß
ihre eigene Geschichte sie wieder »packt«.

In unserem praktischen Leben sind wir in gewisser
Weise unabhängiger voneinander geworden. Jeder läßt
dem anderen (in dem Maß, wie es gerade möglich ist)
Raum zur Entfaltung. Wichtig ist für mich, daß wir ver-
handlungsbereit und im Gespräch sind. Désirée hat
keine Angst mehr, allein zu Hause zu sein, sie klam-
mert sich nicht mehr an mich, sondern hat eigene Begabungen und Hobbys entdeckt. Außerdem ist sie
selbst auch viel unterwegs, zu Seminaren, Fortbildun-
gen und ähnlichem. Ich bin nicht ihr Therapeut, sondern ihr Mann, der sich den Luxus leisten kann, auch
einmal schwach oder k.o. zu sein – das ist eine wun-
derbare Neuerung.

Es hört sich vielleicht seltsam an, aber für mich ist es
ein großer Fortschritt: Ich höre die Musik, die mir ge-
fällt, und esse das, was mir schmeckt, ohne mich zu fragen, was andere wohl davon halten. So, wie ich bin, hat
Gott mich geschaffen, und so liebt er mich.

Harmonie unter Druck

»Gleich und gleich gesellt sich gern . . .« – diesen Satz könnte man über den Anfang unserer Partnerschaft setzen. Gleicher Jahrgang, gleiche Grundschule, gleiche Kirchengemeinde und Ausbildung. Wenn man so viele Gemeinsamkeiten aufzuweisen hat, dann kann doch eigentlich nichts schiefgehen, oder?

Wir waren 2 1/2 Jahre miteinander befreundet und haben dann mit 23 Jahren geheiratet. Die Verlobungszeit war von vielen Diskussionen geprägt. Ob es nun über Fragen des Lebensstils, der Kindererziehung, der Politik oder der christlichen Jugendarbeit ging: alles wurde beredet. Unsere unterschiedlichen Einstellungen und Überzeugungen stimmten wir durch unsere Gespräche ab. Es entstand eine recht solide Ausgangsbasis für unsere Ehe, die nicht zuletzt auch auf unseren gemeinsamen Glaubenserfahrungen beruhte. Die Sache hatte nur einen Haken: Fast alles war graue Theorie.

Michael: *In meinem Kopf war alles klar und aufgeräumt, die Praxis unseres Zusammenlebens war jedoch eher verkrampft. Für mich war es einfach schwierig, Gefühle zuzulassen.*

Susanne: *Bei mir entwickelte sich schon zu Beginn unserer Ehe ein unbestimmtes Gefühl, daß uns etwas fehlte. Ich konnte dieses Gefühl für mich selbst kaum zulassen, geschweige denn in Worte fassen* und mitteilen. *Für die meisten Menschen in meiner Umgebung, im Büro, im Freundeskreis oder in der Gemeinde schien es durchaus normal zu sein, vorwiegend vom Kopf her zu leben. Offensichtlich waren sie damit auch zufrieden. Ich wagte es nicht, diese Harmonie durch kritische Anmerkungen zu stören und paßte mich unbewußt an. Dazu kam, daß sich Michael mit Romantik und Austausch von Zärtlichkeiten von Anfang an schwer getan hatte. Ich nahm das einfach so hin, statt darüber zu reden.*

Unsere gemeindliche Prägung ging in dieselbe Richtung: Fast alles, was wir in der Gemeinde erlebten, war sachlich und kaum gefühlsbezogen. In Susannes Kopf schwebte wohl daher der unausgesprochene Gedanke, daß es scheinbar normal und christlich sei, wenig gefühlsbetont zu leben und zu handeln. Sie zog die unbewußte Schlußfolgerung, daß das eigene Empfinden sicher falsch sei und sie sich arrangieren müsse, ohne zu klagen.

So begann unsere Ehe mit gemeinsamen Zielen und manchen Idealen, und wir dachten, daß der »Rest« dann noch von selbst dazukommen würde. Aber er kam nicht. Was kam, waren zunehmende Schwierigkeiten. Wir stellten überrascht fest, daß wir es nicht gelernt hatten, Freiräume für uns zu suchen und auch zu genießen.

Nach unserer Hochzeit waren wir bewußt in einen anderen Stadtteil gezogen, arbeiteten aber nach wie vor ehrenamtlich in unserer »alten« Kirchengemeinde mit. Nach einiger Zeit lernten wir den CVJM an unserem Wohnort kennen und entschieden uns für eine dortige ehrenamtliche Mitarbeit.

Unser Berufsalltag war anstrengend, danach kamen noch das Einkaufen, die Hausarbeit und die Jugendarbeit im CVJM mit Hauskreis, Mitarbeiterkreis, Vorstandsarbeit, Freizeiten und, und, und ...

Natürlich, eine ganze Reihe von Aktivitäten hatten wir nun gemeinsam, aber die vielen Verpflichtungen, auf die wir uns eingelassen hatten, forderten unsere ganze Kraft und Zeit. Die ersten Diskussionen über »Muß das denn alles sein?« oder: »Weshalb mußt ausgerechnet immer du ...?« fingen an.

Inzwischen war Susanne schwanger, und wir freuten uns sehr darüber. Die Schwangerschaft wurde jedoch zu einer schwierigen Zeit, weil eine Frühgeburt drohte und Susanne liegen mußte. Eine Frage rückte in den Vordergrund, die uns später noch oft beschäftigen sollte: Machen wir nicht doch zuviel, muten wir unserer Ehe und unserem Körper nicht zuviel zu?

Wir hatten uns Kinder gewünscht, und Susanne plante, ihren Arbeitsplatz zugunsten der Kindererziehung aufzugeben. Im Gegensatz zu vielen anderen Frauen erlebte sie ihren kaufmännischen Beruf eher als Streßfeld und weniger als Freude und Ausgleich. Durch die Jugendarbeit, viele Beziehungen, Seelsorgegespräche und Gäste bestätigte sich auch immer mehr, daß ihre Begabungen eher im mitmenschlichen Bereich liegen und weniger im täglichen Umgang mit Zahlenkolonnen im Büro.

Unser erster Sohn wurde geboren. Der Alltag mit Kind gestaltete sich zunächst nicht so einfach. Trotz des Liegens war unser Kind zu früh geboren worden, schwächer als andere Kinder und mußte jede Stunde gestillt werden. Außerdem erbrach es einen Teil der

Nahrung bis zum ersten Lebensjahr kurz nach dem Stillen oder Füttern.

Unsere Wohnung war jetzt zu eng, und wir zogen in eine größere Wohnung, die in einem anderen Stadtteil lag. Hier fühlten wir uns sehr wohl. Das Umfeld war schön, und aus Nachbarn mit gleichaltrigen Kindern wurden Freunde. Nach einer weiteren »Liegeschwangerschaft« wurde hier unser zweiter Sohn geboren.

Neben neuen Kontakten und Familienaufgaben liefen die bisherigen Aufgaben im CVJM, die wir trotz unseres Umzugs behalten hatten, weiter. Zusätzliche neue Verantwortlichkeiten als Predigthelfer und in der Hauskreisarbeit, vor allem auf Michaels Seite, kamen in der Kirchengemeinde vor Ort dazu.

Michael: *Außerdem forderte mein Beruf mehr Verantwortung und häufige Geschäftsreisen. Mir fiel es besonders schwer, aus der aktiven Jugendarbeit als Leiter des Mitarbeiterkreises und Hauskreisleiter auszusteigen, da mir die ehrenamtliche Arbeit viel Freude machte und ich dort auch Anerkennung bekam.*

Susanne: *Mich plagte oft das schlechte Gewissen, wenn ich versuchte, einige Kontakte und Aktivitäten zu streichen. Es waren doch alles so wichtige Dinge, die getan werden wollten. Auf der anderen Seite wurde das Gefühl immer stärker, daß ich nur noch gelebt wurde und mich in lauter Abhängigkeiten vom Familienalltag, von Michaels Beruf, von den Ansprüchen anderer bewegte. Unser Lebensstil wertete eben Außenkontakte und Mitarbeit in der Gemeinde höher als das Miteinander und Entspannen in Ehe und Familie. Wir merkten, daß etwas falsch lief, aber wir wußten* nicht, wie wir unsere Gedanken und Empfindungen umsetzen sollten, ohne alles, was uns bisher wichtig war, über Bord zu werfen. Also blieb alles beim Alten.

Doch eines Tages stiegen die Spannungen buchstäblich an die »Oberfläche«. Ich litt zunehmend unter endogenen Haut-Ekzemen. Eine jahrelange Odyssee von Arzt zu Arzt begann und band viele Kräfte. Erst später entdeckte ich und mit mir mein Mann, daß ein enger Zusammenhang von Körper, Seele und Geist besteht. Ich wagte es, Schritt für Schritt in mich »hineinzuhören« und meine Haut nicht länger als ein lästiges Übel anzusehen, das abwechselnd juckte, aufsprang, näßte und weh tat. Vielleicht steckten in mir verborgene Wünsche und Bedürfnisse wie zum Beispiel eine andere Prioritätenliste meiner Lebensziele? Auf dieser zunächst zaghaften Entdeckungsreise in mein Inneres, versuchte ich ernsthaft, mit Gottes Hilfe ehrlich nach meinen geheimen oder verdrängten Vorstellungen von Leben, Ehe und Glauben zu forschen. Das fiel mir nicht leicht, da ich zunächst annahm, das diese »Reise ins Innere« ein unbiblisches Unterfangen sei. Als Christ sollte meine Blickrichtung doch auf Gott und den Nächsten gerichtet sein! Stand ich nicht in der Gefahr, mich nur noch um mich selbst zu drehen und von innen zu bespiegeln?

Doch je mehr ich auch die Bibel nach Krankheitsgeschichten durchstreifte, desto deutlicher wurde mir, daß ich genau auf dem richtigen Weg war. So fragte zum Beispiel Jesus einige Kranke zunächst, ob sie gesund werden wollten. Andere fragte er: »Was fehlt Dir?« Das Entdecken der Vorgehensweise Gottes gab mir den Mut, bei mir genauer hinzuschauen, um eine Bestandsaufnahme zu machen. Ich lernte meine tiefen Wünsche, Emotionen und Gefühlregungen zuzulassen und zu formulieren. *Dabei bemerkte ich, daß meine Haut immer weniger Austragungsort meiner inneren Spannungen sein mußte. Es erschreckte mich manches Mal richtig, daß ein so enger Zusammenhang zwischen Geist, Seele und Körper besteht. Das hatte ich leider aus meiner bisherigen Glaubens- und Lebenseinstellung heraus vernachlässigt.*

In dieser schwierigen Zeit lernten wir einen treuen Freundeskreis schätzen, der uns auch Mut machte, nicht nur ärztliche Hilfe zu suchen. Wir nahmen professionelle Gesprächshilfe in Anspruch und besuchten verschiedene christliche Eheseminare, um uns an unsere Schwierigkeiten heranzutasten.

»Deine erste Berufung von Gott her ist dein Ehepartner und nicht deine Gemeinde!« so hörten wir es auf unserem ersten Eheseminar. »Romantik und Zärtlichkeit brauchen Zeit und Phantasie, sie kommen nicht von alleine und schon gar nicht vom ›Drüber-Reden‹.« »Achte auf das, was dir dein Körper meldet, denn er bringt das zum Vorschein, was dir innerlich Probleme bereitet.«

Welche innere Befreiung und welches Umdenken gingen von diesen Sätzen aus! Gott öffnete uns unser inneres Ohr und schenkte uns in dieser Zeit viel Kraft, damit wir die neu erkannten Wege Schrittchen für Schrittchen, wenn auch mit manchem Rückschritt, erlernen konnten.

Susanne: *Mir wurde klar, daß ich in einem goldenen Käfig frommer Gesetzlichkeit lebte. Ein großer Teil meines »geistlichen« Leistungsdrucks war darauf zu-*

rückzuführen. *Anerkennung erfolgt nur dann, wenn ich einer ganz bestimmten christlichen Norm entspreche, hatte ich gelernt.* Dazu gehörte der lange Zeit unbewußt übernommene Leitsatz: »*Nimm deine Gefühle nur nicht zu ernst. Sie stehen mit ›Glaubenstatsachen‹ viel zu häufig im Widerstreit.*«

Der Prozeß des Erkennens und Aufdeckens falscher und krankmachender Überzeugungen löste bei mir zunächst Ängste und Ratlosigkeit aus. Eine gewisse Trauer darüber, so lange krankmachenden und hinderlichen Einstellungen Raum gegeben zu haben, setzte ein. Es war, als wenn Gott mit einem Schlüssel plötzlich bisher unentdeckte Türen zu versteckten Winkeln meines Lebenshauses aufgeschlossen hätte. Zugleich stellte ich fest, daß er mit Behutsamkeit und Liebe vorgeht und mich nicht überfordert.

Michael: *Auch für mich bedeutete diese Entdeckungsreise eine Veränderung. Sie forderte meinerseits Umdenken und neues Handeln. Da ich relativ spät von der Arbeit kam, wurde meist schnell gegessen. Dabei oder danach wurden die nötigsten Informationen unter Zeitdruck ausgetauscht. Dann verschwand ich zu irgendeinem Termin. Damit alles in Einklang gebracht werden konnte, mußte jeder funktionieren. Störungen oder Komplikationen brachten meine Planung schnell durcheinander. Mein Umdenken wurde zuerst daran deutlich, daß ich bewußt Zeit für die Kinder und für Susanne einplante. So konnte ich mich ohne Zeitdruck mit Susanne austauschen oder einfach mit ihr zusammensein. Schließlich führten wir den »Eheabend« einmal pro Woche ein, und auch manches Wochenende wurde lockerer gestaltet.*

Susanne: *Ich erlebte nun, daß ich kleinere Aufgaben und Verantwortungen, die bisher an mir hingen, schrittweise an Michael abgeben konnte. Er kümmert sich nun zum Beispiel meist abends um die Kinder, was für mich eine große Entlastung bedeutet. Auch ein Teil der Einkäufe sind seine Aufgabe.*

Immer wieder beschäftigte uns die Frage, wie wir unser Christsein mit einer veränderten Einstellung leben könnten, ohne alles Alte über Bord zu werfen oder bitter zu werden. Mit der Zeit entdeckten wir, daß Gott selbst uns die innere Freiheit schenkt, neue Wege mit ihm zu wagen, und daß er auch manche Bitterkeit aus dem Herzen nimmt.

Über fünf Jahre hinweg merkten wir nicht, daß wir unter einem inneren Druck lebten. Hätten uns Freunde, Gemeindemitglieder oder Familienangehörige darauf hin angesprochen, hätten wir das weit von uns gewiesen. Denn mit dem Kopf hatten wir ja längst begriffen, daß geistlicher Leistungsdruck nicht gottgewollt ist.

Obwohl wir das Gefühl hatten, umgedacht zu haben und an verschiedenen Stellen vorangekommen zu sein, war unser Leben offensichtlich noch nicht gründlich genug reformiert worden. Der traurige Höhepunkt von Karins körperlicher Erschöpfung war ein Hörsturz. »In Ihrem Alter ist es fast immer eine streßbedingte Erscheinung. Sie müssen Ihren Lebensstil ändern«, wurde uns vom Arzt geraten.

In dieser Zeit, die uns als ein großer Rückschritt vorkam und viel Hilf- und Ratlosigkeit hinterließ, lernten wir in ganz neuer Weise, unsere Fragen und Enttäuschungen vor Gott auszubreiten. Wir lernten, konkreter und mutiger zu beten, uns nicht mehr in allgemeinen Formulierungen zu bewegen und auch mit Gottes Antworten zu rechnen. Gottes Liebe begegnete uns ganz neu und anders, als wir es bisher gewohnt waren. Unser Gottesbild veränderte sich – weg vom »Aufpasser-Gott« hin zu einem liebenden Vater, der über Klippen und Schwierigkeiten hinweghelfen will.

Wir erlebten in der Seelsorge, daß wir alte Denkmuster wirklich bei Gott loslassen und Neues, Ungewohntes ausprobieren können.

Susanne: Ich merkte, daß viele Dinge so versteckt liegen können, daß es hilfreich ist, einen kompetenten Fachmann mit einzubeziehen. So reifte die Idee, eine Therapiemöglichkeit zu suchen. Eine große Bestätigung von Gott her war für mich die Möglichkeit eines Erstgespräches mit einer Psychotherapeutin innerhalb einer Woche. Nach zwei weiteren Wochen konnte ich bereits mit der Therapie beginnen. Weiterhin war es für mich ein Geschenk Gottes, daß auf Anhieb ein Vertrauensverhältnis, gegenseitige Wertschätzung und Achtung da waren, die es mir leicht machten, mich zu öffnen. Michael und ich hatten Gott um Leitung auf der Suche nach einer Therapiemöglichkeit gebeten, und Gott bestätigte uns so deutlich. Da ich in meiner Umgebung keinen Therapeuten kannte, der sich auch als praktizierender Christ verstand, wagte ich den Schritt zu einer Frau, die ein völlig anderes Verständnis von Glauben hatte. Allerdings hat sie meinen Glauben immer akzeptiert und, soweit es ihr möglich war, unterstützt. Manches hilfreiche Nachfragen ihrerseits hat mich die Größe und Liebe Gottes erst so richtig erkennen lassen.

*Durch diese recht harte und innerlich turbulente
Zeit drang ich erst zum eigentlichen Kern mancher bi-
blischen Aussagen vor. Ich kann sie mit ganz neuen
Augen sehen, und das hat Auswirkungen auf meinen
Alltag. So entdeckte ich, daß ich mich nur ganz schwer
von anderen Menschen abgrenzen kann. Wenn es darum geht, andere zu unterstützen, finde ich schwer ein
Nein, und das erst recht nicht, wenn sich kein anderer
zur Übernahme dieser Aufgaben findet. Hand in Hand
mit einer solchen Lebenseinstellung geht mein großes
Harmoniebedürfnis, das fast automatisch jede Un-
stimmigkeit möglichst sofort beseitigen will. Daraus
entwickelte sich im Laufe der Jahre unmerklich die Lebenseinstellung, für das Wohlergehen der anderen verantwortlich zu sein.*

*Jetzt heißt es in den alltäglichen Situationen dieses
falsche Verantwortungsgefühl zu erkennen und dann
auch abzulegen. Ich möchte innerlich die letzte Verantwortung für die Menschen, mit denen ich umgehe,
da lassen, wo sie hingehört, nämlich bei Gott. Manchmal wird aus harmlosen Alltagssituationen dabei aber
plötzlich ein beträchtliches inneres Kampffeld. Wenn
die Kinder wütend oder unglücklich über irgendeine
Sache nach Hause kommen, kann es passieren, daß ich
binnen Sekunden wieder dem alten Impuls – für alles
verantwortlich zu sein – nachgeben möchte. Oft ist es
für mich hilfreich, wenn Michael dann mit einem kleinen Stichwort die Situation verdeutlicht und ich fest-
stellen kann, daß es noch früh genug ist, um den Auto-
matismus meiner Reaktionen zu stoppen.*

Michael: »Was hat sich bei mir verändert? Freunde be-
stätigen mir, daß ich nicht mehr so distanziert und ver-

bissen, sondern spontaner und einfühlsamer gewor-
den bin. Natürlich sind die positive Entwicklung bei
Susanne und die vielen Gespräche über Hintergründe
und Ursachen von Hörsturz und Hautekzem nicht
spurlos an mir vorüber gegangen. Sehr viel gab es zu
lernen: Gefühle nicht mit sachlichen oder frommen
Scheinargumenten wegdrücken. Trauer, Zorn und Un-
geduld erkennen und aushalten. Mit Gott über die ak-
tuelle Stimmungslage ins Gespräch kommen. Akzep-
tieren, daß meine Gefühle genauso wie mein Körper
und meine Gedanken zu mir gehören und nicht abge-
spalten oder eingesperrt werden können.

Mein Christsein ist nun vielschichtiger, spannender
und »echter«, aber nicht unbedingt leichter geworden.
Nachdem Gott mich in meiner Ehe so in die Schule ge-
nommen hat, kann ich nun auch Männern und Frau-
en in meiner Umgebung anders begegnen. Dies zeigt
sich im Beruf, bei Nachbarschaftsfesten, in Seminaren,
auf Männerfreizeiten. Zu verstehen »was mit mir im
Augenblick los ist«, hat auch Einfluß auf meinen Um-
gang mit den Kindern, auf meine Gebete und sogar auf
meine Predigten in der Gemeinde. Mein Leben ist far-
benfroher und »runder« geworden.

Happy-End? Keine Probleme mehr? Nein, sicher nicht.

Wir haben nach wie vor unsere »dünnen Stellen« und
unsere versteckten »roten Knöpfe«. »Rote Knöpfe« sind
für uns Reizworte, die alte Ängste oder Verhaltensweisen, Traurigkeit oder Zorn in uns hervorrufen. Wenn
diese »Knöpfe« vielleicht unbewußt von Außenstehen-
den »gedrückt« werden, kommt ein leidvoller Prozeß
wieder in Gang. Aber wir merken jetzt viel schneller,
was da in uns ablaufen will. Wir können eher einschrei-

ten und unsere Gefühle voreinander und vor Gott ausbreiten. Uns macht es dankbar, daß Gott uns im Laufe der letzten Jahre viele Menschen in den Weg gestellt hat, die uns durch Gespräche und Gebete weitergeholfen haben.

Das hat uns auch den Mut gegeben, uns neu zu engagieren. Wir arbeiten an ein oder zwei Wochenenden im Jahr bei Ehe-Seminaren mit, um auch andere Ehepaare zu ermutigen, mit Gottes Hilfe neue Perspektiven zu finden.

»Wir fühlten uns völlig ausgeliefert«

Wir waren eine Woche verheiratet, da sagte ich mir: Du hast den größten Fehler gemacht, den du machen konntest. Ich war am Boden zerstört. Nach einer einzigen »Flitterwoche«.

Aber – Gott sei Dank! – ist unsere Ehe ein Dreierbund, und Gott hat uns beide zusammengehalten. EHE heißt: zwei Erwachsene und der Herr in der Mitte.
Was nach einer Woche begann, war richtige Arbeit. Meine Arbeitsmoral ist auf den Beruf bezogen eigentlich sehr hoch, für die Arbeit an unserer Ehe war ich dagegen sehr viel weniger motiviert.

Von Natur aus sind wir Menschen faul, keiner ist bereit, an sich selber zu arbeiten, das ist einfach zu anstrengend.

Ich habe mich lieber mit handwerklichen Sachen beschäftigt, schließlich mußte unsere Wohnung renoviert werden. So hatte Claudia sich das nicht vorgestellt. »Wir müssen miteinander reden. Wir brauchen Zeit füreinander«, war ihre ständige Mahnung. So blieb das eine ganze Zeit in unserer Ehe. Ich wußte gar nicht, was Claudia immer wollte. Ich fand, daß alles eigentlich ganz gut lief und in Ordnung war. Nur Claudia machte aus allem möglichen ein Problem – so sah ich es jedenfalls damals.

Bis wir verstanden haben, wie man Zeit gemeinsam gestaltet, hat es sieben oder acht Jahre unseres Ehelebens gedauert. Egal, ob man einen Film guckt, »Mensch ärgere dich nicht« spielt, eine Kassette hört und darüber spricht oder einfach nichts macht, ein Glas Wein trinkt und nur beisammen sitzt . . .

Auch den Anrufbeantworter anzustellen, kann man lernen. Im beruflichen Bereich verstanden wir uns sowieso; wir kommen beide aus dem Krankenpflegebereich und haben auch zusammen in einer Schule gelernt. Da gab es viel Gesprächsstoff und ähnliche Interessen. Aber im Privaten mußte ich erst entdecken: Ich mag meine Frau so, daß ich gerne mit ihr zusammen bin. Und ich bin froh, wenn es nicht nur auf zwei Stunden am Tag beschränkt ist.

Das hört sich jetzt alles so harmonisch an. Dabei war das, was ich in unseren ersten Ehejahren vor allem lernen mußte, das Streiten. Solange ich allein lebte, war ich jedem Streit aus dem Weg gegangen. Aber dann habe ich einen Mann geheiratet, der Streiten geübt hatte. Ich hatte geübt, mich zurückzuziehen – es war fürchterlich.

Wobei ich allerdings sehr intolerant gestritten habe. Ich war dreißig als wir geheiratet haben, und manche Verhaltensweisen hatten sich einfach verselbständigt.

Einziger Vorteil dabei war, daß Bernd sich um seine Wäsche kümmern und bügeln konnte. Aber das löste nicht unsere Kommunikationsprobleme. Oft habe ich gesagt: Dein Kopf ist nicht aus Glas. Könntest du mir bitte sagen, was für dich jetzt wichtig ist?

Und dennoch haben wir uns gestritten und gestritten, und zwar auf eine sehr ungute Weise. Ich konnte nicht streiten, ohne den anderen gleich niederzumachen. Ich benutzte Worte wie Äxte. Und Claudia entzog sich mir, nicht nur sauer und schmollend, sondern auf einem sehr dramatischen Weg.

Wenn Bernd anfing zu streiten, fühlte ich mich entwertet, als Null. Und immer wieder löste das die gleiche Reaktion bei mir aus: Ich sprang ins Auto und raste los, ohne Ziel, einfach so. Ich nahm keinerlei Rücksicht, nicht auf mich und nicht auf andere Verkehrsteilnehmer. Ein Kind hatten wir damals noch nicht. Heute kann ich nur sagen, daß Gott mich bewahrt hat. Ich sah nur noch rot, ich hätte Schluß machen können. Aber beim Autofahren beruhigte ich mich. Ich fuhr dann auf irgendeinen Parkplatz, hielt an und wurde nach und nach ruhiger. Dann konnte ich wieder beten.

Ich war währenddessen zu Hause in Panik. Der Zorn verrauchte langsam, und es blieb eine Mischung aus Wut, Angst und Hilflosigkeit. Über den Anlaß unseres Streits nachzudenken, lohnte sich nicht, er war meistens völlig banal. Kleinigkeiten schaukelten sich hoch, und irgendwann »knallte« es. Wer gerade neben mir stand, der bekam es dann ab, egal ob Claudia oder später unser kleiner Sohn; ich war nicht in der Lage, Rücksicht zu nehmen. Ich hatte keine Kontrolle.

Wir haben dann ein Ehepaar kennengelernt, uns ein bißchen angefreundet und Vertrauen gewonnen. Mit dieser Frau und diesem Mann sprachen wir offen über Bernds Jähzorn und über mein »anfallartiges Autofahren«. Wir waren beide verzweifelt. Meinem Mann schien es irrsinnig, daß ich mein Leben aufs Spiel setzte.

Und ich wollte ja auch gar nicht sterben. Das Ehepaar, mit dem wir spachen, hat dann der Sache einen Namen gegeben: die Todesspirale. Ich wußte sofort, daß sie verstanden hatten, worum es ging und wie ich mich fühlte. Da war ein Sog, in den geriet ich immer wieder, und der zog mich mit Macht in die Tiefe.

Wir beteten dann, legten diese Situation Gott dar, und das Ehepaar »durchschnitt« im Gebet diese Spirale und »zerstörte« sie im Namen Jesu. Das war ein ganz nüchterner, ruhiger Akt, ohne Rumgeschreie und Spökes.

Wir haben dann auch meinen Jähzorn Gott abgegeben, und ich kann tatsächlich sagen, daß ich in Situationen, in denen ich »überzukochen« drohe, jetzt anders reagiere. Ich habe die Freiheit, mich zu entscheiden. Ich bin kein Vulkan mehr, der nichts dafür kann, daß er ausbricht. Den Zorn kann ich zulassen, muß es aber nicht mehr!

Ohne die Hilfe von Freunden und ohne Gebet, ich weiß nicht, wo wir heute wären. Wir fühlten uns völlig ausgeliefert. Aber dann haben wir erlebt, daß Gott stärker ist, daß er die Dinge in der Hand hat, daß wir eben nicht ausgeliefert sind.

Wir sahen dann, daß es eigentlich gar kein Eheproblem war. Es war ein Problem der einzelnen Persönlichkeiten. Jeder für sich brauchte Heilung. Unsere Ehe hatte uns in Situationen gebracht, wo wir unseren Problemen nicht ausweichen konnten, wo sie sich im Gegenteil zu potenzieren schienen. Gott arbeitet eigentlich gar nicht so an unserer Ehe, er arbeitet an jedem einzelnen von uns. Das sich das in der Ehe auswirkt, ist selbstverständlich.

Gott geht mit mir einen ganz anderen Weg als mit Claudia. Claudia ist sehr schnell. Sie ist mir oft meilenweit voraus. Sie ist ständig in einer Art geistlichem Dauerlauf. Ich gehe durch die Landschaft eher spazieren. Ab und zu zeigt mir Gott irgend etwas, vielleicht soll ich zum Beispiel einen kleinen Dreckhaufen in mir beseitigen, vielleicht hilft mir Gott aber auch, eine dicke Mauer in meinem Herzen mit einem Bohrhammer zu durchbrechen.

Aber dann schenkt uns Gott auch gemeinsame geistliche Erlebnisse, Erfahrungen, bei denen wir miteinander Schritt halten können. Und daraus ergeben sich manchmal auch gemeinsame Aufgaben, bei aller Verschiedenheit der Gaben. Manchmal stellen wir in der Rückschau fest, daß Gott Wege mit uns gegangen ist, die sich ergänzen und die an ihrem Ende wieder in einen gemeinsamen Weg münden. Auch diese getrennten Wege eine Weile vertrauensvoll zu gehen, war ein Lernprozeß. Ob es um die geistliche Entwicklung des einzelnen geht oder um anderes, wir stellen immer wieder fest: Gott ist ein Gentleman. Er zwingt uns zu nichts, er wartet immer auf unser Okay.

Die »Bilderbuch-Familie«

Wir sind fast 25 Jahre verheiratet, in diesem Jahr feiern wir Silberhochzeit. Vor sieben Jahren gerieten wir in unserer Ehe in eine Krise, die zunächst eigentlich nur von mir wahrgenommen wurde. Diese Krise hatte – jedenfalls was mich betrifft – einen zweifachen Auslöser. Zum einen waren da massive Probleme einer unserer Teenager. Den familiären Hintergrund dieser Schwierigkeiten erkannte ich erst nach längerer Zeit. Bis dahin hielt ich unsere Familie für völlig intakt: Wir unterstützten einander, trugen einander – aber Konflikte wurden gewöhnlich nicht gelöst, wir ließen sie anstehen oder kehrten sie unter den Teppich. Gefühle wurden nicht geäußert. Wir waren sehr eng aufeinander bezogen, eigentlich eine christliche »Bilderbuch-Familie«. Das sagten uns jedenfalls viele Leute. Für sie waren wir ein großes Vorbild. Aber mir wurde plötzlich klar, daß längst nicht alles so in Ordnung war, wie es schien.

Ich empfand das auch, aber ich hätte es nicht äußern können, ich hätte nicht sagen können, was eigentlich nicht in Ordnung war. Es war mehr ein diffuses Gefühl. Ich merkte nur, daß nicht alles so lief, wie es eigentlich hätte laufen sollen. Ich war zum Beispiel terminlich total überlastet. Mein Dienst ging immer vor, egal, was zu Hause los war, und immerhin hatten wir zu dieser Zeit schon drei Kinder. Bei der Geburt unseres dritten Kindes war ich gar nicht dabei. Ich lieferte Heidi im Krankenhaus ab, fuhr zum Dienst und erfuhr so als Letzter, daß meine Tochter geboren war. Heute ist mir das unbegreiflich, aber damals war es einfach selbstverständlich.

Ich war ja so eine gute Märtyrerin. Ich war so geübt im Opfern und im Hingeben, daß ich meine Märtyrerrolle gar nicht mehr wahrgenommen habe.

Der zweite Auslöser unserer Krise vor sieben Jahren lag darin, daß ich mich vom Anfang unserer Ehe an ständig in andere Männer verliebte. Wenn die eine Geschichte beendet war, begann nicht viel später die nächste. Im allgemeinen erzählte ich Wolfgang davon auch, und wir machten uns gemeinsam Gedanken. Er sagte dann: »Treu sein heißt, trotzdem treu sein. Das heißt, es kann durchaus vorkommen, daß ein Partner sich in jemand anderes verliebt, aber daraus wird dann nichts, weil er sich eben entschlossen hat, treu zu sein. Außerdem sind dies unsere gemeinsamen Freunde.«

Vor sieben Jahren hatte ich mich auch wieder in jemanden verliebt, und daraus hatte sich eine seelische Beziehung entwickelt. Heute würde ich das als »geistigen Ehebruch« bezeichnen. Ich baute diese Beziehung aus, indem ich Gespräche mit dem Mann suchte. Weil mein Gewissen rebellierte, führte ich ein Gespräch mit der Ehefrau, und es gab einen ordentlichen Knall, mit dem Ergebnis, daß wir Freunde verloren. Das war für uns, besonders für mich, eine richtige Katastrophe. Das war der zweite Auslöser, der mir gezeigt hat, daß mit unserer Ehe etwas nicht stimmte. So bilderbuchmäßig war unsere christliche Ehe offensichtlich nicht.

Ich erinnere mich an eine Situation besonders deutlich: Ich saß bei der Steuererklärung, als Heidi ins Zim-

mer kam und unbedingt mit mir sprechen wollte. Das war kurz nachdem diese Sache mit der Freundschaft herausgekommen war. Ich sagte, daß ich beschäftigt sei, aber da explodierte Heidi. Die Steuererklärung mußte am nächsten Tag fertig sein, aber an dem Tag merkte ich, daß ich Zeit brauchte für Heidi. Ich schrieb dem Finanzamt, daß ich nicht pünktlich sein könne – die Sache war gar kein Problem. So dumm es klingt – es war der erste Schritt zu einer Veränderung.

Wir fingen an, uns mehr Zeit füreinander zu nehmen, möglichst täglich miteinander spazierenzugehen, so etwas wie Eheabende einzurichten, einmal in der Woche. Bis dahin hatte ich das immer für Quatsch gehalten. In einem Buch hatte ich gelesen, ein Paar solle jeden Tag zwanzig Minuten miteinander sprechen. Da wird man ja verrückt! hatte ich gedacht. Zwanzig Minuten nur zusammensitzen und reden!

Als wir dann anfingen, gemeinsam spazierenzugehen, boten wir der Nachbarschaft ein ziemlich ungewohntes Bild. Wir wurden direkt darauf angesprochen. Als wir auf diese Weise nach achtzehn Jahren Ehe anfingen, wirklich miteinander zu reden, kam eine Menge ans Licht: Heidi war enttäuscht von unserer Ehe. Und sie hatte Angst vor mir. Es gab Dinge, die sie nicht wagte, mir zu erzählen. Dabei reagierte ich nie aufbrausend, aber ich zog mich zurück. Das war mein Verhaltensmuster. Heidi hatte Angst davor und sagte lieber nichts. Als das zur Sprache kam, hörte ich es zunächst nur als Anklage. Darum waren unsere Gespräche auch schwierig und unsere Spaziergänge nicht das reine Vergnügen. Bis mir klar wurde: Heidi will mich ja nicht anklagen, sie möchte nur erzählen. Dennoch blieb es lange Zeit so, daß Heidi offen sein konnte, und *ich nicht. Entweder ich wußte gar nicht, was ich ihr erzählen sollte, oder ich wußte es und wollte es nicht erzählen.*

Bis dahin hatte ich mich darin geübt, vieles einfach zu schlucken. Aber jetzt gab es jede Menge Explosionen. Während wir spazierengingen, heulte ich oder machte meiner Wut Luft, holte Dinge unter dem Teppich hervor. In dieser Phase erinnerte ich mich plötzlich daran, daß ich in den ersten Jahren unserer Ehe abends oft im Bett gelegen und geweint hatte. Ich fühlte mich damals einsam und war verzweifelt, das wußte ich noch, aber ich konnte mich überhaupt nicht mehr erinnern, warum. Ich hatte alles »so gut weggesteckt« – es war nicht mehr zu finden. Ich muß damals schon gemerkt haben, daß wir uns immer mehr entfremdeten. Und eines Tages hatten wir uns ja auch wirklich nichts mehr zu sagen.

Doch! Wir hatten uns etwas zu sagen. Wir konnten über die Gemeinde reden, über unsere Verwandten, über den Beruf. Und über unsere Kinder auch. – Aber alles, was irgendwie mit unserer Beziehung zu tun hatte, war tabu. Schon unsere Hochzeitsreise war ganz schwierig gewesen, und vielleicht hatte sich bei mir der Gedanke festgesetzt: Heidi ist mit dir eigentlich nicht zufrieden. Ich hatte immer Sorge, ich genüge nicht, ich tauge nicht, ich bin eigentlich nicht so, wie ich sein müßte. Es gab ja auch genug Punkte, von denen ich wußte, daß ich nicht so war, wie ich sein sollte. Vielleicht war das ein Grund, warum ich »dicht machte«, wenn Heidi mir zu nahe kam.

Wir hatten ein gut funktionierendes Muster: Ich war

die Heilige, und du warst der Böse. Ich hatte zum Beispiel gedacht, weil wir ja Christen sind, werden wir selbstverständlich in unserer Ehe miteinander beten. Die Initiative ging dann gewöhnlich von mir aus, und ich habe das Ganze immer als enttäuschend empfunden. Ich hatte mir unter gemeinsamem Gebet etwas anderes vorgestellt. Statt dessen hakten wir unsere nächsten Verwandten ab und zählten dem Herrn mal eben die nächsten Tagesordnungspunkte auf. Und selbst diese Gebete kamen nur mühsam zustande. Wenn ich sagte: »Sollen wir nicht miteinander beten?«, dann antwortete Wolfgang oft: »Ja, wenn es sein muß.« Da verließ mich natürlich die Lust, ihn überhaupt noch zu fragen. Und wieder einmal bestätigte sich: Wolfgang ist schuld, und ich leide stillschweigend. Er ist der Böse, ich die Heilige. So haben wir uns auch auf diesem Gebiet innerlich voneinander entfernt. Jeder hatte seinen Bereich, in dem er arbeitete, für den Herrn selbstverständlich. Mir ging es eigentlich ganz gut dabei. Ich sehe von meinem Grundmuster her die Dinge immer eher positiv, kann also viel vertragen. Kein Wunder, daß ich mir deshalb viel auf die Schultern lud.

Ich war damals häufig auf Vortragsreisen und schwirrte von Highlight zu Highlight. Das waren auch tolle Zeiten. Ich kam gut an. Ich konnte mich wirklich öffnen. Alles, was ich Heidi nicht geben konnte, Nähe, Verständnis, das fiel mir in meinem Beruf überhaupt nicht schwer. Deshalb kamen auch eine Menge Leute zu mir in die Seelsorge. Als sie später hörten, daß da eine riesige Spannung war zwischen dem, der ich im Dienst war, und dem, der ich zu Hause war, konnten sie es überhaupt nicht glauben.

Im Dienst war Wolfgang guter Stimmung und voll fit, aber zu Hause gingen die Rolläden runter. Ich habe mich gefragt: Spielt er das eine oder spielt er das andere? Aber im Grunde genommen wußte ich, ich muß beides akzeptieren, es sind seine zwei Seiten. Aber das war natürlich sehr schwer zu ertragen, nach einem fröhlichen Gesicht im Dienst die Müdigkeit und Ablehnung zu Hause.

Diese zwei Dinge, die Probleme mit unseren heranwachsenden Kindern und der Eklat wegen dieser Freundschaft, setzten mich sehr unter Druck. Auch in der Gemeinde waren wir für mindestens zwei Jahre isoliert. Ich gab alle Gemeindemitarbeit auf, ich fühlte mich schuldig, das, was gewesen war, quälte mich, ich war depressiv und weinte sehr viel.

Nach vielen Monaten fand ich endlich den Mut, in einem Seelsorgegespräch einmal alles auf den Tisch zu packen. Ich konnte endlich Jesus um Vergebung bitten, selbst allen Menschen, die mich verletzt hatten, vergeben und mich von Trauer und Selbstmitleid lösen. Ich wurde gesegnet und konnte Gottes Liebe wieder ganz tief empfangen. Der Zuspruch von Vergebung und Heilung war wie Salbe für mein Herz.

Von da an war das dunkle Trauertuch, in das meine Seele eingewickelt gewesen war, weggenommen. Gott hatte angefangen, mich zu heilen.

In dieser schwierigen Zeit lernte ich mich aber auch sehr viel besser kennen. Mir wurde deutlich, woher es eigentlich kommt, daß ich so bin, wie ich bin. Ich hatte von klein auf zwei Vorstellungen von meiner Persönlichkeit: Einmal, daß ich tüchtig bin, und zweitens, daß ich lieb und angepaßt bin. Und tatsächlich war ich eine tüchtige, liebe, angepaßte Christin geworden. Das hat seinen familiären Hintergrund: Mein Vater war selbständig und brauchte für sein Geschäft einen Sohn als Nachfolger. Ich wurde als zweites Kind geboren, wieder eine Tochter. Wahrscheinlich wollte ich beweisen, wie tüchtig auch ein Mädchen sein kann. Tüchtig im Blick auf das, was es als Mädchen leistet, und auch sehr brav und lieb. Nach einiger Zeit wurde doch noch ein Sohn geboren, aber meine Rolle war längst festgeschrieben.

In äußeren Dingen war ich immer bestens versorgt Aber einen persönlichen Kontakt zu meinem Vater bekam ich nicht. Als Teenager hatte ich einen ganz großen Hunger nach meinem Vater und seiner Nähe. Ich weiß noch, ich schrieb ihm Briefe, um irgendwie eine Beziehung zu ihm aufzubauen. Gespräche waren nicht möglich, also versuchte ich es per Brief. Er reagierte dann auch darauf, aber nur mit: »Danke für den Brief.« Keine Resonanz sonst. Mein Vater verstand damals gar nicht, wie wichtig mir die Beziehung zu ihm war. Ich denke, dieses Defizit bewirkte, daß ich ständig auf der Suche nach einer Vaterfigur war und gleichzeitig Männer für verschlossen und willkürlich hielt. Mit Männern kann man nicht reden. Bei Männern weiß man nie, woran man ist. – Das waren meine Urteile über Männer. Ich bin Jesus heute sehr dankbar, daß diese falschen Erwartungen im Gebet durch seine Kraft entmachtet worden sind.

In unserer Ehe stellte sich natürlich bald heraus, daß mein Mann mein Mann war und nicht mein Vater. Ich habe mich dann immer wieder in väterliche, ältere Männer verliebt, mit denen ich gut reden konnte.

Heidi wollte mich ja schon zu zig Eheseminaren schleppen, aber ich hätte wahrscheinlich nie eins besucht, ausgenommen, ich arbeitete dabei mit. Das war übrigens auch bei meinen Diensten so. Wenn ich vorne stand, dann konnte ich alles machen – »Faßt euch mal an!« oder: »Begrüßt euch mal!« Aber wenn ich im Publikum stand, und da vorne sagte einer so was, dann ging bei mir die Klappe runter, und ich hatte Sorge, daß man mich manipulieren wollte. Ich hatte immer Angst, die Kontrolle zu verlieren.

In unserer Krise verstand ich schließlich, daß ich selbst auch Schritte nach vorn gehen mußte. Bei einem Eheseminar, an dem wir teilnahmen, hatten wir den Eindruck, da passiert sehr viel, es verändert sich etwas bei den Paaren. Am Schluß des Seminars gab es das Angebot, sich persönlich segnen zu lassen. Da war ich schon glücklich, daß ich während der Gebete Klavier spielen mußte. Und außerdem war es manchmal so: Wenn ich wußte, daß Heidi etwas gerne wollte, dann war es mir erst recht unmöglich. Aber irgend jemand hatte es so eingefädelt, daß ich plötzlich am Klavier abgelöst wurde. Und so konnten wir für uns beten lassen. Ich hatte wahnsinnige Angst, mich zu öffnen, aber wenn ich es schaffte, tat es mir immer sehr gut. So war es auch bei diesem Gebet.

Wir sprachen dann mit dem Ehepaar, das das Seminar leitete, und wir überlegten, woher es kommen könnte, daß ich so ablehnende Gefühle gegenüber Heidi hatte. Heidi selbst fiel eine mögliche Ursache ein: Ich war acht Monate alt, als meine Mutter mich für ein Vierteljahr zu meiner Oma gab. Sie hatte erfahren, daß sie wieder schwanger war – meine Schwester ist nur elf Monate jünger als ich – und ich wurde vermutlich von

einem Tag zum anderen abgestillt und weggegeben.
Ich hatte diese Sache nicht für wichtig gehalten. So war
das eben, hatte ich gedacht.

Ein acht Monate altes Kind beginnt sich zu binden, es
fremdelt, es durchläuft eine hochsensible Phase. Ein
Kind, das gerade Vertrauen gefaßt hat, sich auf die Nähe
und auf die sichere Versorgung durch die Eltern verläßt,
dürfte eigentlich überhaupt nicht für längere Zeit von
der Mutter getrennt werden. Dieses Ehepaar meinte
dann auch, daß Wolfgangs Vertrauen damals enttäuscht worden sei und daß er unbewußt beschlossen
habe, nie wieder jemanden so dicht an sich heranzulas-
sen: Bevor du noch einmal so verletzt und abgelehnt
wirst, gehst du auf Distanz und lehnst den anderen ab.

Heidi hatte viel psychologische Literatur gelesen und
mir auch immer mal ein Buch hingelegt, das ich lesen
sollte. Mich hat das aber alles nicht interessiert. Ich
hielt das Unbewußte für eine Erfindung der Psycholo-
gen. Das Ehepaar betete dann mit uns. Sie baten ein-
fach Jesus, daß er kommt und diesen kleinen, verlasse-
nen Jungen tröstet. Ich empfand überhaupt nichts da-
bei. Dann sagten sie mir: »Vergib deinen Eltern.« Also
betete ich: »Herr, ich will meinen Eltern vergeben.«
»Sag nicht: ›Ich will ihnen vergeben‹, sondern: ›Ich ver-
gebe meinen Eltern‹«, korrigierten sie mich. Dazu war
ich dann auch bereit. Ich gab auch die Ablehnung Hei-
di gegenüber, die ich da in mir spürte, an Jesus ab. Un-
sere Seelsorger sagten: »Im Namen Jesu befehlen wir
dieser Ablehnung zu gehen.« Danach gaben wir ge-
meinsam als Ehepaaar unser Leben noch einmal Gott,
wie einen Blankoscheck, damit er mit uns machen

kann, was er will. Es war nicht so, daß wir große Gefühle dabei hatten. Aber als wir dann zu Hause waren, stellten wir völlig überrascht fest, daß die Ablehnungsgefühle weg waren.

Ich hatte wirklich den Eindruck, die Mauer zwischen uns ist niedergerissen worden. Und das ist bis heute so. Natürlich gibt es auch jetzt manchmal noch Situationen, in denen Wolfgang »dicht macht«, aber er kann dann die Rolläden ganz schnell wieder hochziehen. Diese Mauer ist nie mehr entstanden. Gott hat wirklich etwas Tolles geschafft in unserem Leben.

In der ersten Zeit war es ein bißchen wie Flitterwochen. Das war natürlich schön, ist aber nicht immer so geblieben. Aber andere Dinge haben sich dauerhaft verändert. Heidi sagte eines Tages zum Beispiel: »Dein Beten ist ganz anders geworden.« Von da an beteten wir bei unseren Spaziergängen oft miteinander.

Noch eine andere Sache ist anders geworden, auch dafür hatten wir gebetet. Ich hatte vorher immer Schwierigkeiten mit erotischen Filmen im Fernsehen. Wenn ich sonntags predigen sollte, und das kam gelegentlich vor, saß ich bei der Predigtvorbereitung und kriegte es nicht hin, in diese Filme nicht reinzugucken. Das war ganz schlimm. Dabei lehnte ich gleichzeitig Sexualität zwischen Heidi und mir eigentlich ab. Da haben bestimmt mehrere Dinge eine Rolle gespielt, aber sicher bin ich auch ziemlich körperfeindlich erzogen worden. Für meine Mutter war schon Schmatzen am Tisch etwas ganz Gräßliches. Viele körperliche Dinge, wie die Geräusche beim

Essen eines Apfels oder das Niesen, waren für mich einfach furchtbar.

Wolfgang ging immer beichten und bekam Vergebung, und dann war es wieder genauso. Und dann ging er wieder beichten und bekam wieder Vergebung, und dann war es wieder genauso. Es war ein ständiger Kreislauf.

Trotz all dieser Schwierigkeiten hat Gott meine Predigten gesegnet, das muß man auch sagen. Es hängt alles eben nicht von unserem geistlichen Leben ab, sondern von Gottes Güte.

Während des Gebets nach diesem Eheseminar habe ich Gott dann gesagt: »Herr, ich verzichte auf die Befriedigung durch die Bilder im Fernsehen, und ich erwarte, daß du mir alle Befriedigung durch meine Frau schenkst.« Dann habe ich Heidi neu aus Gottes Hand genommen, als Geschenk von ihm. An diesem Tag wurde die Macht der Bilder durch die Kraft von Jesus einfach gebrochen. Zwischen Heidi und mir gab es ein neues Aufeinanderzugehen, und die Ablehnungsgefühle, die ich vorher hatte, waren einfach weg. Die Versuchung gibt es immer noch, und Sender mit solchen Filmen gibt es noch viel mehr als damals. Aber das süchtige Verhalten, das ist weg.

Es folgte ein wichtiger Abend mit unseren drei älteren Kindern. Ich erzählte ihnen von mir und bat sie um Vergebung.

Eine Tochter sagte offen, daß sie sich von mir abgelehnt fühlte.

Sie hatte gespürt, daß er sich nicht freute, daß sie zu einer Frau heranwuchs. Und mir sagte sie ausdrücklich: »Ich will nie so werden, wie du bist, eine unterwürfige, angepaßte, brave Märtyrerin.« Wenn das Frausein heißt, dann wollte sie lieber keine Frau werden. An diesem Abend machten wir als Familie einen neuen Start. Das war für alle nicht leicht. Wir brauchten eine ganze Packung Tempo-Taschentücher.

Ich betete dann zum Schluß. Ich bat Jesus um Vergebung dafür, daß ich mich auch den Kindern gegenüber ablehnend verhalten hatte, und ich segnete sie. Ich weiß noch, daß ich an dem Abend dachte: Selbst wenn das Eheseminar keine andere Konsequenz hatte, für diesen Abend hat es sich gelohnt.

Ich erinnere mich auch, daß ich mich bald darauf bei einem Essen mit meiner Ältesten kräftig gestritten habe. Das war ein gutes Zeichen, eine echte Veränderung, daß wir uns richtig streiten und Dinge ausdiskutieren konnten und ich mich nicht zurückzog und schwieg.

Beide hatten wir Streiten nicht gelernt, fanden wir Streiten schrecklich. Dafür waren wir – zumindest ich – Weltmeister im Heucheln, im Verstecken von Fehlern und Schwächen. Jetzt lernen wir, nicht immer ein tolles Bild abzugeben, sondern ehrlich zu sein, um Vergebung zu bitten, von Stolz und Selbstgerechtigkeit Abschied zu nehmen. Das, was Gott vor Jahren an Erneuerung in unserer Ehe begonnen hat, findet noch heute seine Fortsetzung. Wir sind ihm sehr dankbar für sein Handeln, ja sogar für die schwere Krisenzeit, die nötig war, damit wir überhaupt für eine Veränderung durch Gottes Gnade offen wurden.

Für viele Ehepaare sind Seminare zur Stärkung der Ehe eine große Hilfe. Hier einige Adressen von Organisationen, die solche Seminare anbieten:

Neues Leben für Familien e.V.
Berliner Str. 16
58511 Lüdenscheid

Family Life Mission
Postfach 1965
77679 Kehl/Rhein

Bibelschule Bethanien
Aufderhöher Str. 169–175
42699 Solingen

JMS-Familiendienst
Bahnhofstraße 43–47
72213 Altensteig

Familien mit Christus e.V.
Heiligenbrunn
D-84098 Hohenthann

Neues Leben – Neue Familien
Bahnhofstraße 53
CH-4663 Aarburg

JMEM Familiendienst Österreich
Herklotzgasse 14/2
A-1150 Wien